Richteramt und Advokatur.

Ein Mahnwort

von

Erwin Kruse.

Leipzig,
Verlag von Duncker & Humblot.
1897.

Alle Rechte vorbehalten.

Vorrede.

> C'est icy un livre de bonne foy lecteur.
> Montaigne.

Ist es wirklich wahr, daß das „Ansehn" des Richterstandes und der Advokatur in Preußen — und nicht in Preußen allein — „im Sinken", ja sogar „gesunken" ist? Bisher wurde dieser Satz nur von einer Seite verfochten, gegen deren Unbefangenheit starke Verdachtsmomente obwalteten. Das ist in allerneuester Zeit anders geworden. In den „preußischen Jahrbüchern", einer Zeitschrift, der man auf den politischen und socialen Umsturz gerichtete Bestrebungen schwerlich imputieren dürfte, klagt Aulus Agerius beweglich über den „verderblichen Einfluß" der Staatsanwaltschaft auf die Strafrechtspflege[1] und die damit zusammenhängende Entfremdung der letzteren gegenüber dem Rechtsbewußtsein des Volkes. Ihm sekundiert Numerius Negidius unter scheinbarem Widerspruch gegen die Gründe des Niederganges! Aber wichtiger noch als diese publicistischen Stoßseufzer sind die unumwundenen Geständnisse — oder vielleicht richtiger „Selbstanklagen" — der höchsten preußischen Justizbeamten, des Justizministers und des Kammergerichts-Präsidenten: Das „Ansehn" der preußischen Justiz ist gesunken!....

Das setzt nun freilich voraus, daß jenes „Ansehn" einst auf der gebührenden Höhe gestanden haben müsse. Aber ist dem wirklich so? Es giebt Leute, die auf diese Frage mit allerlei „Wenn"

---

[1] Vgl. auch den mir nach Vollendung des Druckes zu Gesicht gekommenen trefflichen Aufsatz von Gotthelf Weiter in dem Novemberheft der Preußischen Jahrbücher über den gleichen Gegenstand.

und „Aber" antworten, indem sie zwischen „Ansehn und Ansehn" subtile Unterscheidungen machen. Sie fragen dazu: „In wessen Augen?".... Andere wiederum behaupten schlankweg das Gegenteil. Sie sind der Meinung: der preußische Richter müsse heutzutage viel mehr Gesetzeskenntnis besitzen, schwierigere Staatsprüfungen bestehen und beziehe eine erheblich bessere Besoldung als vor Zeiten: ergo....! Der Anwalt habe zwar aufgehört ein [niederer NB:] „Beamter" zu sein, was freilich bedauerlich genug wäre, aber er sei auf dem besten Wege, sich seinen Rang unter den Trägern freier Berufsarten zu erobern. Auch an solchen fehlt es nicht, die das „Ansehn" des Anwaltstandes mit dem gesicherten Einkommen der früheren Epoche ohne weiteres identificieren. Ihnen ist folgerichtig auch das Sinken des Durchschnittseinkommens mit dem des Ansehens gleichbedeutend!.... So wird denn mit Gründen und Gegengründen um den Kern der Sache „herum" gestritten!.... Sollte das „Perspektivische" nicht auch hier das Urteil beeinflussen, nicht die Wahl des Standortes für die Gestaltung des Gesichtsfeldes maßgebend sein? Eines ist sicher, es geht aus all' jenem widerspruchsvollen Bejubeln und Beklagen von Dingen, deren Wesen hiervon unberührt bleibt, hervor, daß wir an einem Wendepunkte unserer Rechtsentwickelung angelangt sind, in welchem das allen großen Bewegungen vorauseilende Gefühl, daß es so nicht weiter gehe, in das Bewußtsein der Nation mit unwiderstehlicher Gewalt seinen Einzug hält. Wir fühlen, daß hier ein Höheres im Spiele ist, als das Interesse eines Standes oder eines Berufes; daß jenes vielumstrittene „Ansehn" der Justiz im Grunde genommen nichts anderes ist, als die Ehrfurcht vor der letzten überlebenden idealen Macht in den Kulturgemeinschaften: vor dem Recht; und daß es endlich an der Zeit ist, unsere gesamten nationalen Kräfte — der Wehrhaftigkeit nach Innen zuzuwenden!....

Die folgenden Blätter sollen diesem Grundgedanken zum Ausdruck verhelfen. Es soll in ihnen der Nachweis versucht werden, daß unsere Rechtspflege in den Banden einer ihrem innersten Wesen zuwiderlaufenden dienstpragmatischen Verkümmerung schmachtet, von welcher sie weder durch kleine Aufbesserungen der Richtergehälter noch durch zünftlerische Polizeivorschriften gegen den „Zudrang" zur Advokatur befreit zu werden vermag; daß ein Hauptübel unseres Justizwesens in der sachwidrigen Verkoppelung des Richteramtes mit subalternen Verwaltungsgeschäften, in dem hierdurch bedingten Bedarf an zahlreichen (mittelmäßigen) Arbeitskräften und endlich auch in der Mißgestalt zu suchen ist, in welche die Advokatur, weit entfernt, den ihr gebührenden Rang unter den idealen Berufsarten zu erlangen, durch ihre Verquickung mit den ihrem Wesen völlig fremden Elementen eines auf den „tarifierten Erwerb" gerichteten „Geschäftes" hineingezwängt ist; alles dies zum Unsegen des Rechts und seines Ansehns!

Dem Verfasser erscheinen die von ihm angedeuteten Reformen (S. 57ff.) als Fragen einer nicht allzufernen Zukunft. Denn wenn irgendwo, so sind bei uns die Vorbedingungen einer trefflichen Justiz gegeben (S. 23ff.). Auf dem Boden unserer bisherigen Rechtsentwickelung läßt sich, bei gutem Willen, Alles erreichen, was von den Generalpächtern des „nationalen" Gedankens verpönt ist, weil es sich bei anderen Völkern unbehindert durch Einflüsse entfaltet hat, die seinen Werdegang bei uns gehemmt und beeinträchtigt haben. In der europäischen Kulturgemeinschaft giebt es eben keine „nationalen" Bedingungen, welche bei dem einen Volke das Recht zu einem administrativen Mechanismus niederer Ordnung herabdrücken, während sie es bei dem anderen zu der allesbeherrschenden sittlichen Gewalt emporheben. Was der englischen Justiz auf dem Wege einer technisch unbeholfenen, dem modernen Verständnis schier unzugänglichen, gleichsam „barbarischen" Entwickelung gelungen ist, das kann auch der deutschen nicht vorenthalten bleiben, sofern bei uns nur der Entschluß zur Reife gelangt, die reichen Schätze unserer geistigen nnd sittlichen Errungenschaften einer fehlerhaften „historischen" Ausgestaltung unserer Rechtspflege nicht auf Gnade und Ungnade preiszugeben! ...

Halle a. S., im November 1896.   E. K.

I.

Es war die höchste Zeit, daß das preußische Justizministerium „Verdacht" zu schöpfen anfing; Verdacht gegen die Wahrheit eines Satzes, zu dessen Verfechtern es länger als ein Jahrhundert gehört, ja den es selbst hatte schaffen, ausgestalten und dem preußischen Verwaltungsorganismus einimpfen helfen. Denn während in allen Kulturländern die Spatzen jedem der Ohren hatte zu hören, es längst gepfiffen hatten, daß das Richteramt mit nichten zu jenen Dingen gehöre, quae pondere numero mensura constant, hatte der schwunglose Aberglaube der preußischen Dienstpragmatik aus diesem höchsten Amte einen jener staatserhaltenden Handlangerdienste gemacht, bei denen das intime Geheimnis der „Persönlichkeit", auf welche es bei allen geistig bewegenden und schöpferischen Funktionen in erster Reihe ankommt, hinter einem Bündel fein säuberlich zusammengekoppelter, objektiver, d. h. von der Persönlichkeit mehr oder minder unabhängiger „Leistungen" ebenso bescheidentlich als vollständig verschwindet! Man „lernt" in Preußen „Richter" wie man Schuster, Schneider und Zimmermann, wohl auch Arzt und Advokat „lernt" d. h. man besucht vom 9. bis 18. Jahre ein Gymnasium, vom 18. bis 21. die Universität, vom 21. bis 26. ist man Referendar und erwirbt alsdann durch das mehr oder minder glücklich bestandene Assessorexamen die Anwartschaft, als Richter der rechtsuchenden Menschheit seines engern Vaterlandes gegenüber zu treten. Mit anderen Worten: um das Recht zu erlangen über

Leben, Ehre und Freiheit seiner Mitmenschen, also über dasjenige, was die große Masse der Sterblichen, in mehr oder minder entschuldbarer Verblendung, immer noch für ihre höchsten Güter hält, das entscheidende Machtwort zu sprechen, jenes Machtwort, von dessen Schwere das Schicksal unzähliger Existenzen, wie von einer höheren, weil nicht selten sich jeder Berechnung entziehenden Gewalt, unwiderruflich beeinflußt wird, bedarf es bei uns der Erfüllung einer Anzahl formeller, das Mittelmaß vertretbaren Könnens nicht übersteigender technischer Voraussetzungen.

Eine seltsamere Subalternisierung eines königlichen Gedankens, als sie in dieser historischen Entwickelung des Richteramtes in Preußen — und nicht bloß in Preußen — zu Tage tritt, ist in der Geschichte der demokratischen Verflachung der großen Kulturideen kaum zu entdecken. Von Hause aus als eine der vornehmsten Funktionen der Herrschergewalt mit dieser unlöslich verbunden, verliert die richterliche Gewalt bei allen modernen Kulturvölkern im Wege der Delegation immer mehr den strahlenden Glanz des Purpurmantels, in dessen Falten sie sich einstens hüllte, um in dem dumpfen Kanzleimuff des bureaukratischen Polizeistaats den Nachtwächter- und Büttelndienst der „Ordnung" zu versehen; eine achtbare, schwung- und freudlose, aber auch unentbehrliche Thätigkeit, welche wie etwa die Straßenreinigung und andere die Sauberkeit des „Publikums" bezweckende, im höchsten Grade verdienstliche Verrichtungen, dem braven Bürger den fröhlichen Genuß von Haus und Hof und all jener Dinge gewährleisten, in deren Ermangelung Staat und Gesellschaft zum Tummelplatz wüster, zerstörender, anarchischer Instinkte unfehlbar herabsinken müßten . . . . . .

II.

Was könnte thörichter sein, als diesen Gang der Dinge mit romantisch-ästhetischen Stoßseufzern darüber begleiten zu wollen

„daß das Schöne vergeht, daß das Unsterbliche stirbt". Seitdem die Erhabenheit des königlichen Richteramtes der nüchternen Zweckmäßigkeit des Verfassungsstaates hatte weichen müssen, war für die unmittelbare Bethätigung des Herrschers auf der Dingstätte keine Möglichkeit gegeben. Die richterliche Thätigkeit mußte, zwar nicht, wie die Advokatur, nach der Ansicht des Herrn Justizministers, zum „Gewerbe", aber doch immerhin zu einer demselben sehr nahe stehenden fungiblen Amtsthätigkeit herabsinken...... Was ich hierunter verstanden wissen möchte, deckt sich vollinhaltlich mit dem, was Herr Minister Schönstedt in der Sitzung des Abgeordnetenhauses vom 19. März 1896 offenbar hat sagen wollen, als er der Advokatur im Hinblick auf ihre gegenwärtige Gestalt den Charakter der „Kunst" absprach. Ich meine: das Objektive, von der Individualität Unabhängige, Erlernbare, Schwung- und Phantasielose, mit einem Worte das Dutzendhafte und Subalterne, welches aus dem Richteramte eine jedem mittelmäßigen Kopfe mit guten Umgangsformen und dem entsprechenden geistigen Existenzminimum an Wissen und Denkkraft zugängliche Futterstelle, anders ausgedrückt: aus jedem examinierten Dutzendmenschen eines jener für das Richteramt „geschickten Subjekte" gemacht hat, die sich zu den übrigen treibenden Kräften des modern-bureaukratischen Verfassungsstaates, dem Unteroffizier und dem Schulmeister als der unentbehrliche Dritte im Bunde gesellen. Damit soll, wie gesagt, kein Tadel, weder gegen den Richterstand, noch gegen die preußische Justizverwaltung, sondern nur die Konstatierung eines geschichtlichen Ergebnisses zum Ausdruck gebracht sein, dessen Wurzeln so tief in das Erdreich unseres gesamten nationalen Lebens hinein sich verzweigen, daß es auf eine rührende Naivität hinausliefe, wollten wir hier in heiligem Zorne darüber entbrennen, daß der Dattelbaum keine Äpfel trägt und daß in Mecklenburg-Strelitz keine Bananenwälder wachsen, in deren Zweigen sich buntbefiederte Papageien und Paradiesvögel wiegen!......

Und so ist es denn gekommen, daß nun auch die preußische Justizverwaltung zu der Erkenntnis gelangt ist, daß der Richterstand das gelobte Land der „Vielzuvielen", daß der breite Rücken des preußischen Justizetats endlich müde geworden ist, alles zu tragen, was im Laufe der Jahre sich einen Platz auf demselben zu „ersitzen" für gut befunden und daß es deshalb höchste Zeit wäre, dem „Zudrang", jenem malthusischen Schreckgespenste in Referendarsgestalt, ein Paroli zu bieten und die Justizverwaltung mit einer jener Machtbefugnisse g e s e t z l i c h auszustatten, deren sie sich bisher freilich auch o h n e d i e s (im Verwaltungswege!) zeitweilig zu bedienen verstanden hat, die sie aber, weil sie nun einmal die J u s t i z ist, doch lieber aus der Hand des G e s e t z e s zu empfangen vorzieht! . . . .

III.

Wie aber ist die Justizverwaltung zu dieser Erkenntnis gelangt, die im übrigen so allgemein verbreitet ist, daß der Wahrheitsfreund eigentlich geneigt sein möchte, an ihr zu zweifeln? Von wannen ist ihr jenes Licht aufgegangen, welches, wie das Aufflammen eines riesigen Holzstoßes in finsterer Nacht, eine weite Gebietsstrecke unseres öffentlichen Lebens grell beleuchtet und nicht bloß die scharfen Umrisse des R i c h t e r a m t e s, sondern auch die der A d v o k a t u r in das hellste Licht der Kritik setzt?

Das war ganz einfach. Seit einiger Zeit schon hat die preußische Justizverwaltung wahrgenommen, daß „auch der Beste nicht in Frieden leben" könne, „wenn es dem bösen Nachbar nicht gefällt". Dieser aber war kein anderer als die „Staatsverwaltung", welche die „b e s t e n K r ä f t e" — man höre: die „besten"! — der Justiz entfremdete und den andern, benachbarten Ressorts: dem Innern, dem Finanz-, dem landwirtschaftlichen, dem Kultusministerium, dem Auswärtigen, dem Ministerium für öffentliche Arbeiten und den entsprechenden Ressorts des Reichsdienstes zuführte, also daß die Justiz sich nur — so mußte man weiter schließen — mit dem id quod supererat, dem „minderwertigen" Überrest zu begnügen gezwungen war!....

All die schneidigen Reserveoffiziere, worunter sogar eine nicht unbeträchtliche Anzahl solcher, die die große juristische Staatsprüfung mit den Prädikate „gut" bestanden, hatte man wehmütig zu den Fleischtöpfen der besser besoldeten Verwaltungsämter übergehen sehen, derjenigen, welche sogar die Niederungen des noch besser besoldeten Kommunal= und Privatverwaltungsdienstes gegen die Sella curulis in Pillkallen und Schwersenz, in Tirschtiegel und Jarocin fröhlichen Herzens eingetauscht hatten, gar nicht zu gedenken! Diesem Zustande mußte ein Ende bereitet werden.

In dem § 8 des „Gesetzentwurfes, betreffend die Regelung der Richtergehälter und die Ernennung der Gerichtsassessoren" (Drucksachen des Abgeordnetenhauses Nr. 98 von 1896) glaubte man ein wirksames Mittel für die Erreichung dieses Zweckes gefunden zu haben. Allein es geht mit der Proklamierung lang geahnter aber bis dahin unausgesprochen gebliebener Wahrheiten manchmal recht wunderlich zu. Da kommen die Denkfaulen, die Ungläubigen, die Superklugen, die Skeptischen, die Ängstlichen und in Politicis namentlich die Parteien, Summa summarum alle diejenigen, denen die Entdeckung oder auch nur die Verkündung neuer Wahrheiten immer ein gewisses Unbehagen verursacht; den einen, weil sie nicht gern Altgewohntes, das sie mit Altbewährtem verwechseln, preisgeben; den andern, weil ihnen zwar nicht vor dem lautern Gold der „Wahrheit", wohl aber vor deren Legierung mit irgend einem ihnen noch unbekannten, minderwertigen Zweckmäßigkeitsmetall, das sie dunkel ahnen, graut.

Bei aller Anerkennung für die Richtigkeit des Satzes, daß das Richteramt keine Dutzendwaare sei, die nach dem Gänsemarsch verabfolgt wird, hatten insbesondere diejenigen politischen Parteien, die den Segen des Personaldecernates unter dem preußischen Ministerium Lippe am eigenen Leibe kennen gelernt hatten, eine starke Abneigung gegen die Ausstattung eines Justizministers mit der Machtbefugnis, die geeignete Auswahl unter den Assessoren zu treffen und auf diese Weise den andern Ressorts das Nachsehen zu lassen! Auch das Ideal, welches dem Herrn Justizminister Schönstedt vorzuschweben schien und über dessen konkrete Gestalt man nach dem Hinweis auf die „besten" und „tüchtigsten" Elemente, die zur „Verwaltung übergingen", nicht im Zweifel zu sein schien — mit Unrecht freilich, wenn man die gesamte Persönlichkeit des jetzigen Chefs der preußischen Justizverwaltung ins Auge faßte — war ganz und gar nicht darnach angethan, außerhalb jener Partei, zu deren Lebenselementen der zum Landrat avancierte preußische Gerichtsassessor und Reserveoffizier („Wohl= bezw. Hochwohlgeboren!") von jeher gehört hatte, das Ruere in servitium im Zeichen des § 8 des Entwurfes als einen Vorzug erscheinen zu lassen, um den es sich verlohnen möchte, an den bisherigen Grundvesten der Dienstprag= matik zu rütteln. An maßgebender Stelle mußte man deshalb mit der Genugthuung vorlieb nehmen, eine **Wahrheit**, die in vielen Herzen bereits als tiefes Geheimnis geschlummert aus= gesprochen zu haben; daß nämlich die S u b a l t e r n i s i e r u n g d e s R i c h t e r a m t e s ein Übel ist, von welchem die preußische Justiz, gleichviel mit welchen Mitteln, unbedingt befreit werden muß, wenn nicht für das Rechtsbewußtsein der Nation erheblicher Schaden entstehen soll!

IV.

Mit dem Worte; „Subalternisierung des Richteramtes" glaube ich das Wesen der Sache annähernd richtig bezeichnet zu haben. Dies ist freilich ein sehr bescheidenes Verdienst. Denn das Wort ist doch nur das äußere Zeichen der Erkenntnis und diese ist, wie schon eingangs angedeutet, längst Gemeingut aller derjenigen ge= worden, die sich die Mühe genommen hatten, über die Dinge, wie sie in der preußischen Justiz liegen, frei von den Banden des Her= kömmlichen nachzudenken. Ein Blick auf die Stellung der Justiz im Vergleich mit den andern Elementen des Staatswesens, der Heeres- und der Staatsverwaltung ergiebt, daß die Justiz an äußerem Ansehen hinter jenen letzteren nicht unerheblich zurücksteht. Das tritt nicht bloß in den Gehaltsverhältnissen, sondern auch im Rang-, Ordens- und Titelwesen zu Tage. Der preußische Richter „rangiert" hinter dem entsprechenden Würdenträger der Verwaltung, von dem Militär ganz zu geschweigen. Diese dienstpragmatische Auffassung gelangt auch zu dem entsprechenden socialen Ausdruck. Auf der gesellschaftlichen Wertskala kommt der Gerichtsvorstand erst hinter der entsprechenden amtlichen „Spitze" von der Civilverwaltung, wie diese natürlich auch der militärischen den Vorrang lassen muß. Wehe dem Landgerichtspräsidenten, der sich bei dem herkömmlichen Festmahle am Wiegenfeste des Landesfürsten einfallen lassen möchte, den Toast auf Se. Majestät ausbringen zu wollen, wenn es sich nicht gerade zufällig so fügt, daß der Herr Bataillonskommandeur abwesend und der Herr Regierungspräsident aus einem ähnlichen Grunde „menschlich" verhindert ist, nach Außen hin zum Ausdruck zu bringen, daß die „Justitia" zwar auch in Preußen das „fundamentum regnorum" ist, daß sie aber im bureaukratischen Aufmarsch erst an dritter Stelle Aufstellung zu nehmen befugt ist! Was Wunder, daß die schneidigen jungen Herren mit „guten Umgangsformen" das unwiderstehliche Verlangen empfinden, wenn irgend möglich aus der dritten in die zweite Klasse der offiziellen Menschheit empor zu steigen, wenn es ihnen schon nicht vergönnt gewesen ist, die Schwelle der ersten zu überschreiten! . . . .

Da ist denn freilich nichts von jenem überschwänglichen „Kultus des Rechts" zu entdecken, mit dem die Romanen und die Völker angelsächsischer Kultur ein dem preußischen Verständnis schier unzugängliches Wesen treiben! Man sehe sich doch nur die äußeren Heimstätten an, in denen in jenen Ländern Recht gesprochen wird. Welcher deutsche Jurist wäre nicht mit Staunen und Bewunderung durch die Hallen des Justizpalastes zu Paris, durch die Riesenbauten von Westminster und der Fleet-Street, durch die an

Pracht und architektonischer Wirkung geradezu überwältigenden Hallen des Gerichtsgebäudes zu Brüssel, ja sogar durch die an Glanz und Würde alles in ihrer Nähe überragenden Justizgebäude kleinerer französischer, englischer, italienischer, schweizerischer, holländischer und belgischer Städte gewandelt, ohne der entsprechenden Zustände in der Jüden- und neuen Friedrichsstraße, in der Residenzstadt des Deutschen Reiches mit „entsprechenden" Gefühlen zu gedenken! Und welches Ansehen genießen die Träger der Justiz in all diesen Ländern! Von der für deutsche Begriffe geradezu märchenhaften Stellung der englischen Richter ganz zu geschweigen, steht doch auch die im Gehalte allerdings der unsrigen ziemlich nahe verwandte französische Magistratur, sowie die der andern romanischen Nationen, im Ansehn der Volksgenossen unvergleichlich höher als die preußische!

Kein Engländer oder Franzose, kein Holländer oder Belgier würde je auf den Gedanken kommen, daß es im Staate eine Gewalt geben könne, deren Bedeutung sich mit der hoheitsvollen Würde der Justiz irgendwie zu messen vermöchte. Denn die Justiz ist diesen Kulturvölkern nicht bloß ein Teil in dem unentbehrlichen Räderwerk des allgemeinen Staatsmechanismus, sondern, wie die Kirche, eine der vornehmsten Veranstaltungen des nationalen Geistes, dazu bestimmt, die höchsten Güter der Menschheit, Ehre, Freiheit und all die physischen Grundbedingungen für die Existenz des Einzelnen und der Gesamtheit zu schützen, aus denen sich der Bau der gesellschaftlichen und staatlichen Ordnung zusammenfügt. Mitten im nationalen Leben stehend, ihre Wurzeln in die Tiefen des gesamten Volkstums senkend und durch die hervorragende Teilnahme des Laienelements an der Rechtsprechung aus ihm die unentbehrliche Nahrung empfangend, ist namentlich die englische Justiz trotz aller dem Fremdling überaus schwer verständlichen Wunderlichkeiten, doch die Achtung gebietendste organische Schöpfung einer großen und vornehmen Volksseele, zu welcher die Rechtspflege der gesamten civilisierten Welt, die der romanischen Völker mit eingeschlossen, wie zu einem freilich bisher unerreichbar scheinenden Ideale, von Zeit zu Zeit empor zu schauen, trotz aller anderwärts vorhandenen modernen Errungenschaften, außerordentlich gut thäte! In keinem Lande ist die **Achtung vor dem Gesetze** größer, die Abneigung gegen frechen, anarchischen Subjektivismus eingewurzelter, der Umsturz des Bestehenden, so lang es durch die Schwerkraft lebensvoller sittlicher Ideen am Boden des Volkstums festgehalten wird, schwieriger, daneben der Drang nach Bethätigung des Neuen und Zeitgemäßen unbehinderter als in diesem von Natur und Geschichte zum Schauplatze der gewaltigsten, die Menschheit in ihren tiefsten Tiefen erschütternden Kämpfe der Rassen, Klassen und Glaubensgemeinschaften ausersehenen Lande, in welchem, wie in keinem anderen, Freiheit und Gesetz, die feinsten und verwegensten Aspirationen des modernen Geistes neben dem Altehrwürdigen, bald friedlich, bald in offenem, legitimen Kampfe um den geistigen Besitzstand, sich zu lebensvoller, im Schlußergebnis kulturfördernder Einheit zusammenschließen! Was Wunder, daß die richterliche Gewalt in diesem Lande, von welchem aus der moderne Verfassungsstaat seinen Triumphzug durch die gesamte civilisierte Welt angetreten, den königlichen Purpur noch in des Wortes verwegenster Bedeutung beibehalten hat! Oder glaubt man wirklich, daß der gesamte Pomp des äußeren Apparates, dessen sich die englische Justiz, mit der römischen Kirche allein vergleichbar, getragen von dem stolzen Bewußtsein, gleich jener ein Priesteramt auszuüben, bedient, möglich wäre, wenn die **Idee**, als deren Symbol und äußeres Wahrzeichen sie einherwandelt, nicht in lebendiger Leibhaftigkeit die Seele der Nation erfüllte? Wie das gekommen ist, das ist freilich eine lange Geschichte, über welche einst, als wir es noch nicht „so herrlich weit gebracht" hatten, manches Erbauliche in hundert und aberhundert deutschen, französischen und englischen Schriften zu lesen war, von Lorenz von Stein bis auf Rudolf von Gneist, von Montesquieu bis auf Franqueville, von Blackstone und John Erskine May bis auf Reeves und Frederick Pollock, von welcher des „teutschen Mannes" gänzlich unwürdiger Ausländerei wir indessen allmählich gründlich kuriert sind, seitdem die Ahlwardt und Liebermann von Sonnenberg, die Hammerstein und Nathusius, die Graf Kanitz und von Ploetz die Reform des öffentlichen Lebens zu einer ebenso einträglichen als „nationalen" Verrichtung gestaltet haben! . . . . . .

Und so ist es denn auch gekommen, daß die höchsten Justizbeamten in Preußen unter voller Zustimmung hervorragender Männer aus den verschiedensten Lebenskreisen mit überzeugenden Gründen versichern konnten, daß das Ansehen der preußischen Justiz gelitten habe, und daß es deshalb als eine der bringendsten Aufgaben der Justizverwaltung erscheine, der Rechtspflege zu dem ihr gebührenden Ansehn wieder zu verhelfen.

V.

Aber ist es wirklich zutreffend, wenn das Sinken des Ansehens der Justiz auf die Überfüllung des Assessorats und die der Justizverwaltung dadurch bereiteten Ungelegenheiten zurückgeführt wird? Sollten die Ursachen hiefür nicht tiefer liegen und die Überfüllung nur eine sekundäre Erscheinung, selbst eine „Wirkung" sein, die freilich nach dem Gesetze der Kausalität zugleich als Ursache weiterer „Wirkungen" in Betracht zu ziehen ist? Das scheint zum mindesten nicht unzweifelhaft! Man sehe sich doch in England, Frankreich, Belgien, Holland, der Schweiz, in Italien und überall um, wo es eine alte, zum Teil auf demselben Rechtsboden wie die unsrige erwachsene Justiz giebt und frage sich, ob dort etwa der Zudrang zu der juristischen Laufbahn geringer ist, als bei uns, wo die Klagen ob der „Überfüllung" seit einem Jahrhundert von der Tagesordnung nur für kurze Zeit verschwinden, um dann um so intensiver wieder aufzutauchen? Gewiß nicht! Nur, daß das unentgeltliche Assessorat, diese Blüte preußischer Finanzkunst an der ungeeignetsten Stelle, in allen diesen Ländern unbekannt ist und daß die Arena, auf welcher dort der

Wett= und Dauerlauf nach den richterlichen, sowie nach allen übrigen Staatsämtern **beginnt, die freie Advokatur** bildet! Hier kommt zunächst **alles hinein**, was jemals darauf Anspruch erheben will, in die **höheren Berufsämter des Staates** emporzusteigen. Und doch hat man in diesen Staaten niemals daran gedacht, das Schicksal eines Mannes definitiv besiegeln zu wollen, indem man auf Grund einer „**Prüfung**" zu beurteilen sich vermessen hätte, ob er sich für diesen oder jenen Zweig der Rechtspflege, für die **Rechtsprechung** oder für die **Rechtsverteidigung** besonders eigne. Denn an welchen Kriterien sollte diese Fähigkeit in Ländern, in denen die Öffentlichkeit und Unmittelbarkeit des Civil= und Strafverfahrens nicht eine durch die tägliche Übung widerlegte fable convenue, sondern lebendige, vernünftige Wahrheit ist, gemessen werden, wenn nicht an der Bethätigung derjenigen Eigenschaften, aus denen sich das Charakterbild des Mannes zusammensetzt? Und wo könnte das besser und zuverlässiger geschehen, als in der Ausübung eines freien, von den Grundsätzen strengster Ehrenhaftigkeit, Uneigennützigkeit und Vornehmheit der Gesinnung gepaart mit Intelligenz, Beredsamkeit und einem hohen Grad **allgemeiner** Bildung beherrschten **Berufes**, (— nicht „Gewerbes" Herr Minister! —). Eine strenge, mit allen Garantieen für das Vorhandensein eines Mindestmaßes an **Intelligenz und Wissen** ausgestattete **Staatsprüfung** ist gewiß, nach einer gewissen Richtung, nicht zu unterschätzen. Aber so lange Richter und Anwälte nur zwei Glieder eines und desselben Organismus der Rechtspflege bilden, von denen ein jedes besonders geartete, von denen des andern verschiedene Funktionen zu versehen hat, so lange wird es doch noch anderer Kriterien bedürfen, um die Geeignetheit des jungen Juristen für diesen oder jenen Zweig zu beurteilen, als der Feststellung, daß er während des Referendariates seine Schuldigkeit im „Dienste" gethan, den Herren Vorgesetzten die ihnen gebührende Achtung nicht versagt, auf den Bällen bei dem Herrn Regimentskommandeur, den Herren Regierungs= und Landgerichtspräsidenten keinen Verstoß gegen die

Regeln des „Anstandes" sich hat zu Schulden kommen lassen, zum Reserveoffizier gewählt ist und beim Skat, soweit festzustellen, niemals „gemogelt" hat! Auch eine Fülle anderer ebenso nützlicher positiver und negativer Eigenschaften, aus welchen sich der landes- und ortsübliche Gentlemanbegriff aufbaut, mag zu Gunsten oder Ungunsten des jungen Rechtskandidaten konstatiert werden, ohne daß sich daraus auch nur im entferntesten der Schluß rechtfertigen ließe, der Betreffende sei ein für das Richteramt „geschicktes" oder „ungeschicktes" Subjekt. **Charaktereigenschaften, wie sie der höchste Beruf im Staate erfordert, lassen sich im Wege offizieller Prüfungsveranstaltungen nicht feststellen.** Dafür giebt es — wie in allen Kulturländern, in denen das Recht nicht bloß ein Polizeibegriff, sondern eine mit den höchsten sittlichen Mächten des Kulturlebens auf gleicher Stufe stehende sittliche Gewalt ist — nur eine äußere Bethätigungsmöglichkeit: die Ausübung desjenigen Berufes, welcher die notwendige Ergänzung, ja, ich möchte sagen, den **Unterbau** des Richteramtes darstellt, nämlich eine im wahren Sinne des Wortes freie, in sich gefestigte und unabhängige **Advokatur!**...

VI.

Als Rudolph Gneist vor einem Menschenalter die freie Advokatur als den Grund- und Eckstein aller Justizreform in Preußen bezeichnete, war er sich dessen wohl bewußt, daß in dem Lande der „Assistenzräte" und „Justizkommissarien" die einfache Übertragung westeuropäischer Kulturergebnisse auf den sterilen Boden eines aus dem bureaukratischen Polizeistaate eben erst herauszuwachsen beginnenden Gemeinwesens nicht angängig wäre. Daher die im wesentlichen negative Forderung nach „Befreiung" von den Fesseln des Ernennungswesens, im übrigen aber die Beibehaltung der Advokatur als einer **sämtliche** Funktionen des Rechtslebens, bis tief in die subalternsten Verrichtungen juristischer Technik erfassenden Berufsart, in welcher die idealsten, den höchsten Anspruch individueller Besonderheiten des Geistes und Charakters bedingenden Aufgaben, neben den nüchternsten, gewöhnlichsten, fungibelsten Leistungen friedlich neben= und durcheinander existieren. Nicht ein Beruf, in welchem, wie in den typischen Musterländern der Advokatur großen Stiles, die Pflanzstätte der edelsten Kräfte geborgen sein sollte, deren der Staat für die Lösung seiner höchsten Aufgaben, darunter die richterliche, bedarf, sondern ein, in der Hauptsache, technisch geschulter, durch die Eigenart der überwiegenden Mehrzahl seiner Verrichtungen nach der gewerblichen Seite hin stark gravitierender, zünftig organisierter Nährberuf, sollte, nach Gneist, die deutsche Advokatur in ihrem nächsten Entwicklungsstadium werden, aus welchem sich späterhin, in gleichem Schritt mit der parallelen Entwicklung der freiheitlichen Elemente, mit dem Ausbau des Rechts= und Verfassungsstaates, dem Erstarken seines Unterbaues in Gemeinde, Kreis und Provinz, durch ein vom Staatsgedanken gesättigtes Selbstverwaltungsrecht, die Pflanzstätte der Staats= und Gemeindeämter entwickeln sollte.

Die Neuordnung des deutschen Prozesses im Jahre 1879 hat auch diesen Gang der Dinge anzubahnen versucht. Der Beamtencharakter der Anwaltschaft ist vollständig beseitigt. Dagegen ist derselbe, weit davon entfernt die Pflanzstätte derjenigen Staatsämter zu werden, für welche Talent und Charakter die unerläßliche Vorbedingung sind, nur das Sammelbecken aller derjenigen Elemente geworden, welchen der Zugang zu jenen Ämtern aus Gründen, die weder mit dem Talent noch mit dem Charakter das allergeringste zu schaffen haben, verschlossen geblieben ist . . . . .

Die Folgen dieses Zustandes konnten nicht ausbleiben. Neben den „minderwertigen" Elementen, an denen es keinem freien Berufe jemals gefehlt hat, noch fehlen wird und die den fungiblen Teil der berufsmäßigen Verrichtungen der Rechtsanwaltschaft zur Darstellung bringen, ist eine Fülle hervorragender Talente in die preußische Advokatur hineingekommen, welche unter den früheren Verhältnissen vielleicht ein kümmerliches Dasein als Bedienstete der Justizverwaltung in den weltverlassenften Winkeln der Monarchie geführt haben würden. Aber die unterschiedslose Verteilung aller advokatorischen Geschäfte, der fungiblen sowohl als der hoch= individuellen, auf alle Mitglieder der Rechtsanwaltschaft, das Hin= zutreten des Notariats bei einer bevorzugten Minderzahl auf der einen, die völlige Aussichtslosigkeit, jemals aus dieser im wesent= lichen auf den tarifierten Erwerb gerichteten, höchst achtbaren und unentbehrlichen, aber mit dem Wesen des **Fürsprecheramtes vor Gericht** in keinerlei Gemeinschaft stehenden Berufsthätigkeit herauszukommen, hat der neudeutschen „**Rechtsanwaltschaft**" einen von der Advokatur der großen Kulturnationen so wesentlich verschiedenen Charakter verliehen, daß es ein unfruchtbares Be= ginnen sein würde, an die Beurteilung dieses specifischen Ergeb= nisses unserer geschichtlichen Entwicklung den Maßstab anlegen zu wollen, mit welchem die westeuropäische Advokatur gemessen sein will. Man kann diesen Gang der Dinge tief beklagen, wie man es beklagen kann, daß das deutsche Rechtsleben in seiner natür= lichen Entwicklung vielfach gehemmt und durch Umstände bedingt worden ist, die sein innerstes Wesen nachteilig beeinflußt haben; aber man wird, wenn man auf Mittel zur Abhilfe gegen die hier gewachsenen Übelstände sinnt, vor allen Dingen sich der geschicht= lichen Ursachen klar bewußt sein müssen, die den gegenwärtigen Zustand hervorgerufen, um — cessante causa — auch auf die Beseitigung der Folgen mit einiger Aussicht auf Erfolg hinarbeiten zu können.

VII.

Nur eine dem Wesen der Sache ganz und gar nicht gerecht werdende Betrachtung der Dinge vermag aber — dies kann nicht scharf genug gekennzeichnet werden — die Minderschätzung des preußischen Richteramtes auf die „Überfüllung" als die wirkende und treibende Ursache zurückzuführen. Das Umgekehrte ist der Fall. Gerade weil die Justiz in dem Ämtermechanismus des preußischen Staates nicht die ihr gebührende Stellung eingeräumt erhalten hat, eine Stellung, die sich im wesentlichen aus der Minderschätzung des Rechts als einer nicht etwa das Staatsganze beherrschenden obersten sittlichen Gewalt, sondern als einer mechanisch-bureaukratischen, im wesentlichen gesellschafts- polizeilichen Zwecken dienenden Veranstaltung herschreibt, hat die- selbe von jeher eine mächtige Anziehungskraft auf die fungiblen Elemente der höheren Berufsstände geübt, welche, wie Herr Minister Schönstedt ganz richtig betonte, als Kriterium ihrer Befähigung für die richterliche Laufbahn, den Mangel an Geeignetheit für jede andere anzusehen pflegen. Wer über das durch die Prüfungen gewährleistete Mindestmaß an Wissen und Intelligenz verfügt, empfindet ganz naturgemäß einen unwiderstehlichen Reiz, sich einem Berufe zu widmen, für welchen außer jenen Normativbedingungen nichts weiter erfordert wird, als ein gewisses Maß von Geduld und Ausdauer, um, wenn die Reihe im Anciennitätsturnus an ihn herankommt, aus der östlichen in die weiter westlich gelegene Provinz, aus dem Marktflecken in die Stadt, aus der Kreis- in die Provinzialhauptstadt und, wenn das Glück gut ist, aus dem Amts- oder Landgericht an das Oberlandesgericht langsam, aber sicher vorzudringen.

Man wird aber auch vernünftigerweise nicht in Abrede stellen können, daß für die Fülle subalterner Geschäfte, mit denen, wie in keinem anderen Lande, das Richteramt in deutschen Territorien zum überwiegend großen Teile durchsetzt und belastet ist (Kosten- wesen, Aufsicht über die Bureaus, Grundbuch, Handels- und die damit verwandten Register, Konkurse, Subhastationen, ja das ganze Zwangsvollstreckungswesen, Vormundschaften, freiwillige Ge- richtsbarkeit), auch subalterne Kräfte nötig sind. Alles das sind Verrichtungen, die zwar eine juristische Vorbildung unentbehrlich machen, aber mit dem Wesen des Richteramtes gerade so viel oder so wenig gemein haben, wie das Post-, Telegraphen-, Steuer- und Patentwesen, sowie tausend und abertausend andere Verwaltungsgeschäfte, für welche ein gewisses Maß juristischer Kenntnisse, ja vielleicht sogar eine gründliche allgemeine juristische Vorbildung von großem Wert und Nutzen ist, ohne daß man jemals auf den abenteuerlichen Gedanken kommen möchte, diese Geschäfte für richterliche zu erachten und ihre Ausübung richterlichen Beamten als solchen zu übertragen!

Diese Vielgestaltigkeit und Mannigfaltigkeit auf Gesetzeskunde beruhender amtlicher Verrichtungen, wie sie nach dem Entwicklungsgange des Richteramtes in Preußen demselben angeschweißt ist, hat die sprüchwörtliche Versatilität des preußischen Gerichtsassessors und seine „Brauchbarkeit" für alle Zweige des höheren Verwaltungsdienstes herbeigeführt. Das Assessorat hat — zum großen Schaden des Ansehens der Rechtspflege — in Preußen die Rolle versehen, welche in anderen Kulturstaaten sachgemäß die Advokatur zu versehen pflegt. Zum großen Schaden, sagen wir, weil mit dem Überwiegen des richterlichen Charakters in dieser Erscheinung, wie sie in dem ebenso demoralisierenden als gemeinschädlichen Institut des unbesoldeten Assessorats zu Tage tritt, das Ansehen eines Standes notwendigerweise leiden mußte, in welchem die eigentliche Rechtsprechung nur einen Teil, ja vielfach sogar nur den geringeren und nebensächlicheren Teil der berufsmäßigen Thätigkeit bildet. Daß unter den Trägern dieses Standes die Namen Cohn, Levy und Manasse neben den Namen Müller, Schulze und Lehmann häufiger vorzukommen anfangen als vor dem Jahre 1866, wo die letztere Kategorie sich im unbeschränkten Besitze ihrer Mittelmäßigkeit, ohne irgendwie von der geistig gleichwertigen Konkurrenz aus dem Osten bedrängt zu werden, behaglich breit machte, ändert an dem Ansehen des Richteramtes in Preußen nur wenig. Denn ob die jüdischen Assessoren der großen Anzahl ihrer Kollegen christlichen Bekenntnisses an Wert in den Augen der durch die berufsmäßigen Hetzer nicht irregeleiteten Bevölkerung nachstehen, darüber wolle man die Disziplinarakten der jüdischen Assessoren nachsehen und daraus feststellen, ob dieselben nach den hierüber ergangenen Urteilen sich der „Ehre und des Ansehens", welche ihr Amt bedingt, in höherm Maße unwürdig erwiesen haben als ihre Kollegen christlicher Bekenntnisse. Man wird dabei zur Verneinung dieser Frage gelangen. Die große Anzahl dieser Elemente, welche, wie die übrigen, durch die Fungibilität dieses jedem Staatsbürger zugänglichen Amtes angelockt werden, im Wege „administrativer Prellerei" (Mommsen) auf der Höhe ihrer Leistungsfähigkeit mit einer levis notae macula in die zweite Klasse des Juristenstandes herabzudrücken, wäre gewiß eine Maßregel, welche, wenn sie zur Wahrheit werden sollte, nur zu beweisen vermöchte, daß die preußische Justizverwaltung, weit davon entfernt, den Sitz des Übels zu erkennen, lediglich nach einem oberflächlichen Rezept auf ein Symptom loskuriert, dessen Beseitigung nur geeignet scheint, einem viel schlimmeren Platz zu machen: den Teufel durch der Teufel Obersten zu bannen, die Mittelmäßigkeit der Vielzuvielen durch die der Wenigen, die Konkurrenz nach dem Altersprinzip durch die Konkurrenz nach einem Prinzip zu ersetzen, als dessen Vertreter erachtet zu werden unter den Männern, welche bisher an der Spitze der preußischen Justizverwaltung gestanden, sicherlich niemand weniger verdächtigt zu werden verdient, als der jetzige Justizminister, Herr Schönstedt.

VIII.

Hand aufs Herz! Was dem Ansehen der Justiz in Preußen so besonders nachteilig ist, das ist auch gewiß nicht das massenhafte Hineinströmen der „tüchtigen" jungen Herren in die Verwaltungsressorts. Dies ist vielmehr gleichfalls eine sekundäre Erscheinung; sondern die geflissentliche Herabsetzung, deren sich das seit undenkbaren Zeiten in Preußen herrschende System der richterlichen Thätigkeit gegenüber befleißigt hat. Die Geschichte der preußischen Rechtspflege ist dessen ein redendes Zeugnis. In keinem Lande ist die Justiz in allen ihren Manifestationen: Richteramt, Advokatur, Notariat u. s. w. von jeher mit gleicher Geringschätzung behandelt worden. Auch heutzutage tritt, wie eingangs erwähnt, diese Minderschätzung in dem offiziellen Formenwesen, in den Auszeichnungen und Ehrenbezeugungen zu Tage. Man möge nun über Orden und Titel urteilen wie man wolle. In dem monarchischen Staate, in welchem dergleichen immer noch als Zeichen besonderer Wertschätzung an maßgebender Stelle gelten, macht es doch einen wunderlichen Eindruck, wenn Oberlandesgerichts= und Reichsgerichtsräte den Roten Adlerorden vierter Klasse erhalten, gleichzeitig mit dem Landrat des Kreises Z., dem Oberzoll= oder dem Wasserbauinspektor N. N. in X. Ich hätte nichts dagegen, wenn man die Orden, als dem Wesen und der Unabhängigkeit des Richteramtes nicht entsprechende Dinge überhaupt beseitigte und dadurch den Richterstand auf eine höhere Stufe den anderen Amtsgebieten gegenüber stellte. Aber so lange dergleichen gang und gäbe ist, müßte im Interesse des „Ansehens" der Justiz verlangt werden, daß der Ordens= und Titelsegen — vom Gehalt gar nicht erst zu reden — sich zum mindesten in den gleichen Proportionen über die Justiz ergieße, wie über die anderen Ressorts und nicht durch die hier geübte Sparsamkeit den Eindruck hervorrufe, daß der Richter ein dem Verwaltungsbeamten keineswegs gleichstehender Träger öffentlicher Funktionen sei. Eigentümlich ist auch die Gliederung der verschiedenen Elemente der Justiz in Bezug auf Orden und Titel. Da steht natürlich auf der obersten Stufe die Staatsanwaltschaft als die der Verwaltung am nächsten stehende, weil — abhängigste Behörde. Dann erst kommt das Richteramt, und auf der untersten Stufe des officiellen Ansehens steht — bezeichnend genug — der unabhängigste und schwierigste aller juristischen Berufsstände: die Advokatur, als deren übergeordneter Teil auf der offiziellen Wertskala wiederum die fungibelste und subalternste aller juristischen Ver=

richtungen, das mit dem Charakter des nichtrichterlichen „Amtes" mit Recht versehene Notariat steht!

Eine die Merkmale des „Gewerbes" im höchsten Grade zur Darstellung bringende Thätigkeit, deren Nützlichkeit und Achtbarkeit ebenso unbestreitbar und unbestritten ist, als ihre bescheidenen Ansprüche an die höheren Qualitäten des Juristen, verleiht in Preußen einem der freiesten, edelsten, vornehmsten Berufe, die es je gegeben hat, seitdem von einer europäischen Kultur die Rede ist: dem Fürsprecheramt vor Gericht — das erforderliche Ansehen und denjenigen socialen Halt, ohne den die Advokatur auch in den Augen des „Publikums" vergebens um ihre sociale Gleichberechtigung mit dem tarifierten „Amte" kämpft!... Und nun vergegenwärtige man sich vollends, was denn eigentlich das Notariat in Preußen, mit Ausnahme der Rheinprovinz, heutzutage noch zu bedeuten hat, nachdem es im wesentlichen, seit der Gesetzgebung des Jahres 1872, auf die Unterschriftsbeglaubigung und den Wechselprotest, also die allersubalternsten Verrichtungen zusammengeschrumpft ist! Kein Westeuropäer kann es sich zusammenreimen, wie es möglich ist, daß Männer, denen die berufsmäßige Aufgabe erwächst, vor der erhabensten Stätte irdischer Gerechtigkeit die Verteidigung der höchsten Güter ihrer Mitbürger und Rechtsgenossen zu führen, sich abmühen, um im Alter von etwa 40 Jahren endlich des hohen Glückes teilhaftig zu werden, mit dem Gerichtsbüttel und dem Gerichtsschreiber in Konkurrenz treten zu dürfen! Ja, wir behaupten kühn, daß, wenn es irgend ein sicheres Mittel gegeben hat, die Advokatur in die Niederungen des „Gewerbes" herabzuziehen, es die Verbindung derselben mit dem Notariate gewesen ist, von der widernatürlichen Verkoppelung mit den niederen Funktionen des Prozeßbetriebes (Zustellungswesen, Zwangsvollstreckung, Ladungen u. s. w.) mit der Advokatur gar nicht erst zu reden!..

Nur in einem Gemeinwesen, in welchem die auf die freie Persönlichkeit gestellte, den höchsten Gütern der Menschheit gewidmete Thätigkeit die unterste, dagegen die staatlich geachtete fungible Mittelmäßigkeit formeller Verrichtungen die höhere Stufe in der offiziellen Wertskala bildet, war es möglich, das Fürsprecheramt vor Gericht durch die widernatürliche Verbindung mit solchen Funktionen, die nach dem Gerichtsgebrauche aller großen Kulturländer (Frankreich, England, Belgien, Holland, Italien) mit der Advokatur schlechterdings unvereinbar sind („Incompatibilités") zu einem „Gewerbe" zu degradieren, welchem Herr Schönstedt mit vollem Recht die Eigenschaft einer „Kunst" absprechen zu können gemeint hat, in dem Bewußtsein freilich, daß er damit nur die historische Mißbildung der preußischen und deutschen Rechtsanwaltschaft, nicht aber die Advokatur, wie sie, um des Rechtsheiles des deutschen Volkes willen gestaltet sein müßte und wie sie zum Segen anderer Nationen sich bei diesen entwickelt hat, mit dem blanken Richtbeil seiner Kritik den Garaus gemacht hat!

IX.

Soll man sich nun in Anbetracht der Dinge, die da sind über die ihnen immanente Misère mit dem verlogenen Gemeinplatz hinwegtäuschen, daß tout comprendre tout pardonner heißt? Das wäre eine schlechte Politik auf einem Gebiete, auf welchem freilich das Verständnis des Gewordenen und seiner Ursachen die erste und unerläßlichste Bedingung aller Reform, das Verzeihen aber ebenso sinnlos wäre, wie etwa das Bejubeln oder das Beklagen! Um die Zukunft handelt es sich, denn die höchsten Interessen der Nation, in deren friedlicher Ausgestaltung der Kulturideale das Recht eine der weitesten Gebietsstrecken des geistigen und materiellen Lebens einnimmt, stehn hier in Frage. Wie im Mittelalter die Kirche, bevor sie zu der alles geistige Leben der Völker aufsaugenden politischen Macht sich rückbildete und damit den idealen Keim des Glaubens und der in ihm geborgenen Heilswahrheiten preisgab, gleichsam den Urquell aller idealen Strömungen zur Darstellung brachte, von denen alle Gebiete des Volks= und Staatslebens aus befruchtet worden sind, so ist mitten in den gewaltigen Umwälzungen, denen die Staats= und Gesellschaftsordnungen der modernen Völkerfamilien unfehlbar entgegengehn, das Recht noch die letzte ideale Macht, welche das Versinken der um ihre — vermeintlich oder wirklich — höchsten Güter kämpfenden Menschheitsgruppen in den anarchischen Hexensabbath der Selbsterhaltungsinstinkte aufzuhalten vermag. Je gewaltiger sich die cyklopischen Massen der modernen Gesetzgebung türmen, welche allenthalben die Spuren des socialen Kampfes zur ausgeprägtesten Darstellung bringen, desto höher wachsen die Anforderungen an diejenigen Stände, welche in erster Linie berufen sind, als Hüter und Bewahrer des socialen Friedens, als Richter und Advokaten auf der Wacht zu stehn und ihres Amtes im Sinne jener socialen Friedensbewahrung zu walten. Dazu aber bedarf es unbedingt der Hebung und zwar der **gleichmäßigen Hebung des Richter= und Advokatenberufes**. Denn es liegt im Wesen menschlicher Dinge, daß sie zunächst der **großen Menge** nur so viel gelten, als sie durch das Gebot der socialen Machthaber an äußerer Wertschätzung zugeteilt erhalten. Selbst die feinsten und zartesten Offenbarungen der Volksseele: Religion, Künste und Wissenschaften haben von jeher der Verbindung mit den konkreten Machtfaktoren in Staat und Gesellschaft nicht entraten können. Wie sollte das Recht, jenes das gesamte Leben der Gemeinschaften durchströmende Element auf die innigste Verbindung mit den alles beherrschenden Machtfaktoren in Staat und Gesellschaft verzichten, da es doch im wesentlichen nichts anderes ist, als das formende und gestaltende Prinzip, welches dem social= ethischen Urbrei der Einzel= und Gruppeninstinkte Wesen und Gestalt, Halt und Festigkeit, aber auch organische Bildungsfähigkeit und Spannkraft verleiht! Selten hat daher ein Gemeinwesen vor einer dringenderen Aufgabe gestanden als das junge deutsche Reich vor der Neugestaltung seines Rechtslebens. In dem nunmehr binnen wenig Jahren ins Leben tretenden bürgerlichen Gesetzbuch für das deutsche Reich, in welchem gleichsam die Summe aller socialen Bestrebungen gezogen ist, welche das moderne Deutschland seit seinem Eintritt in die europäische Kulturgemeinschaft bewegen, wird dem deutschen Richter= und Advokatenstande eine Fülle der höchsten Aufgaben gestellt, welchen die Pfleglinge der A. G. O. und der C. P. O. nur zum allergeringsten Teile gewachsen sind. Auch an das Notariat treten zum erstenmale Anforderungen heran, wie sie, zum großen Schaden des Ganzen, namentlich in dem größten deutschen Territorium, in Preußen bisher völlig unbekannt gewesen sind und weit über den Rahmen der subalternen Funktionen der Unterschriftenbeglaubigung und des **Wechselprotestes — dieses albernsten Überrestes einer barbarischen, kirchturm= artigen Entwickelung, mitten in dem Zeitalter der Eisenbahnen, Telegraphen und Telephone**[1] — hinaus= wachsen. Eine unabhängige, auf der höchsten Stufe sittlicher und geistiger Entwickelung stehende Richterbank („Bench") neben einer in gleicher Weise von dem Geiste der Vornehmheit, Uneigennützig= keit und Unabhängigkeit erfüllte Barre („Bar") ist daher die un= erläßliche Bedingung für die Neugestaltung unseres Rechts= lebens. Das bürgerliche Gesetzbuch des deutschen Reichs, und wäre es die leibhafte Verkörperung der erhabensten Offenbarungen des socialen Geistes der Gegenwart, wird so lange ein toter Buch= stabe bleiben, als nicht die Hütung der in ihm lodernden Heils= flammen einem dieser Aufgabe würdigen Juristenstande anvertraut ist, dessen zwiefache Aufgabe den beiden einander ergänzenden und mit einander zusammenwirkenden Elementen, dem Richteramte und der Advokatur, nach guter alter Kulturtradition anheimfällt.

---

[1] Sollte es nicht endlich an der Zeit sein, diese Fundgrube „fauler Ein= wände" und thörichter Regresse aus der Welt zu schaffen? Dieses Liechtenstein der Gesetzgebung, welches, wie das geographische mit dem Deutschen Reiche, mit der modernen Kultur und dem gesunden Menschenverstande in offenem Kriegszustande lebt! Dieses juristische „Tant de bruit pour une omelette!"... Wer daran zweifelt, der sehe sich doch einmal die Protestjudikatur an!... Und alles dies dem Götzen der „Holschuld" zu Liebe!

X.

Von der organischen neudeutschen Justizgesetzgebung des Jahres 1878—1879 gilt zweifelsohne die boshafte Kritik des geistreichsten Teufels, der jemals über die Bretter gegangen ist: „Du hast die Teile in der Hand, fehlt leider nur das geistige Band!" Ja, in der That, wir haben die kostbarsten, wertvollsten, gediegensten Teile einer Rechtsbildung, wie sie kein anderes Kulturvolk der Welt in dieser Fülle, Ausgesuchtheit und Zusammenstellung aufzuweisen vermag. Wir haben einen Civilprozeß, der an Schleunigkeit, Präcision, Sicherheit in den objektiven Grundlagen der Rechtsfindung, Garantieen für die Unparteilichkeit der Richter, Gründlichkeit in der Vorbereitung des Rechtsstreites, Elastizität des Beweissystems und des äußeren Betriebes keinem anderen Civilprozeßverfahren nachsteht. Wir haben eine Gerichtsverfassung, die an einfacher Größe in den Grundlinien, Sachgemäßheit der Anordnung, architektonischem Ebenmaß in dem Unter- und Oberbau unseres Gerichtswesens sich neben der Gerichtsverfassung aller anderen Kulturvölker ruhig sehen lassen darf. Wir haben freilich auch einen höchst fragwürdigen Strafprozeß, in welchem die Garantieen für die Unantastbarkeit der individuellen Freiheit die denkbar geringsten, die Machtbefugnisse der Anklagebehörde die denkbar weitestgehenden, die Rechte der Verteidigung geradezu als ein Hohn auf dieselbe anzusehn sind und in denen die Gefahr ungerechter Verurteilung die Gefahr ungerechter Freisprechung nicht unerheblich übersteigt. Aber im Ganzen sind doch, wie ich glaube, die Übelstände unserer Strafrechtspflege, einschließlich des Strafvollzugs, der ja allerdings bei uns noch in arger partikularistischer Verkümmerung liegt, nicht viel schlimmer als die entsprechenden Übelstände in Rußland, Österreich-Ungarn, zum Teil auch in Italien und Spanien, geringer jedenfalls als in der Türkei und den unteren Donauländern und Griechenland, wenngleich sie mit England, Belgien, Holland, der Schweiz und den skandinavischen Ländern, ja sogar in manchen Beziehungen mit Frankreich, d. h. mit den Ländern alter und vornehmer Kultur auch nur den entferntesten Vergleich nicht auszuhalten vermag. Wir haben ferner ein vorzügliches Grundbuch- und Hypothekenwesen, ein promptes, stark humanisiertes **Zwangs-vollstreckungsverfahren**, eine Konkursordnung, um die uns die meisten anderen Staaten mit Recht beneiden und endlich einen gleichmäßig vorgebildeten Richter- und Anwaltstand, dessen **geistige und technische Erziehung** für die ihm überwiesenen konkreten Aufgaben hinter der technischen Erziehung der entsprechenden Kategorieen in keinem andern Kulturlande auch nur im geringsten zurücksteht. Was sage ich: „nicht zurücksteht"? nein, dieselbe bedeutend überragt! Die Herren Universitätsprofessoren, welche jahraus jahrein ein markerschütterndes Wehe- und Klagegeschrei über den Rückgang der Wissenschaftlichkeit unter den deutschen Rechtsbeflissenen anstimmen, mögen sich doch einmal das **berufstechnische** Durchschnittsniveau des französisch-belgisch-italienischen Stagiaire oder des jungen Barristers in England und Nord-Amerika ansehn und ihre Klagen werden sehr bald wesentlich gedämpfter ertönen. Der preußische „Assessor" ist ein **technisch** ungleich geschulterer Jurist als der entsprechende Aspirant der Barre in den Ländern französischer und englischer Rechtsbildung. Dafür spricht schon das ungleich höhere Maß an wissenschaftlichen und technischen Kenntnissen, welches die große Staatsprüfung erfordert, die weit längere Dauer der theoretischen und praktischen Vorbildung und deren unvergleichlich größere Intensität. Auch die für diesen Beruf erforderten **Charaktereigenschaften** fehlen dem jungen deutschen Juristen sicherlich nicht um eines Haares Breite mehr als seinem britischen oder französischen Kollegen! Und welche Fülle hervorragender Männer von unantastbarer Lauterkeit der Gesinnung, Makellosigkeit des Lebenswandels, staunenerregendem Wissen und rührendster Bescheidenheit, hingebendster Pflichttreue und aufopferndster Liebe zu den Berufsidealen hat nicht von jeher der deutsche, insonderheit der preußische Richter- und Anwaltsstand aufzuweisen vermocht! Auch die Beredsamkeit, jene Blüte souveräner Herrschaft der Geister über die Geister, auf welche unsere westlichen Nachbarn mit Recht den höchsten Wert bei dem Fürsprecheramt vor Gericht zu legen gewohnt sind, ist der deutschen Advokatur keineswegs fremd geblieben. So wenig, zum großen Heil der Rechtsprechung, die inhaltsleere, sonore, rhetorische Phrase in den Hallen unserer Rechts= pflege hat heimisch werden können, so groß die Abneigung des ge= lehrten Richters selbst gegen das erlaubte Maß der Abrundung in Wort und Gebärde ist, so groß die Neigung der überwiegenden Mehrzahl zu schmuckloser, nüchterner, jeden Schwunges barer, in schlichter Verknüpfung von jus und factum sich meist erschöpfender Rede bei uns auch der Regel nach sein mag, so wenig fehlt es der deutschen Advokatur an echten Rednern großen Stiles, die weit davon entfernt, in leerem Wortgepränge sich zu bespiegeln, Ohr und Gewissen des richterlichen Hörers unwiderstehlich zwingen und in ihm da, wo es die Sache gebietet oder gestattet, die Über= zeugung, jenes beste Teil der Rechtsprechung, in die dem Rechte gemäßen Bahnen zu leiten verstehn. Aber während dem englischen Gerichtsredner höchster Ordnung zugleich als äußere Genugthuung für seine Wirksamkeit, das Eintreten der gesamten Persönlichkeit für das bedrohte Recht des Volksgenossen, der Richterstuhl als die zweifellos höchste Stätte der Bethätigung des erhabensten socialen Berufes winkt, während dem bedeutenden Fürsprecher in den Ländern romanischer Kultur nicht bloß der Weg zu den höchsten Staatsämtern, sondern, wie in Frankreich, auch die höchste geistige Anerkennung, in Gestalt seiner Aufnahme in die vornehmste Körper= schaft, die Académie française zu teil wird, winkt als Inbegriff aller staatlichen Ehren, welche auf dem Scheitel des hervorragendsten, charaktervollsten, gediegensten, wissensreichsten, uneigennützigsten, vornehmsten deutschen „Rechtsanwalts" — bei dem 50jährigen Dienstjubiläum sich vereinigen — besten Falles ein Titel oder ein Orden, dessen Ansehn auf der bureaukratisch=hierarchischen Wertskala den Empfänger in eine der untersten und zahlreichsten Kategorien achtbarer Handlanger des öffentlichen Dienstes hinein=

geraten läßt, zu denen sich das Fürsprecheramt etwa wie der ärztliche Beruf verhält zu der gewiß nicht verächtlichen ja sogar recht nützlichen Thätigkeit des Heilgehülfen! Mit andern Worten: die subjektiven und objektiven Bedingungen für die Herstellung der Grundlagen, auf denen Richteramt und Advokatur in Deutschland mit allen Attributen dieser Berufsstände, mit denen sie in den Kulturländern Europas ausgestattet sind, aufgebaut zu werden vermögen, sind in reichstem Maße vorhanden. Abgesehen vom Strafprozeß, dessen Mängel aber gleichfalls in der fehlerhaften historischen Ausgestaltung dieser beiden Elemente der Rechtspflege wurzeln, fehlt es der deutschen Rechtspflege weder an einem (relativ) trefflich vorgebildeten und geschulten jungen Nachwuchs, noch auch an dem den modernen Ansprüchen der Gegenwart entsprechenden Verfahren, dessen vielfache Verbesserungsfähigkeit und Bedürftigkeit im Einzelnen an dem Gesamtergebnis nichts ändert und dessen Fähigkeit, insbesondere den täglichen, kleinen Bedürfnissen des Rechtslebens in ausgiebigstem Maße zu genügen, dieses Verfahren zu einem ebenso **prompt als billig** funktionierenden Apparate gestaltet.

XI.

Die „Teile" hätten wir also in der Hand! Das „geistige Band" aber fehlt. Denn dieses ist eben nichts anderes als jenes **Ansehen**, dessen sich die **Rechtsidee** im Bewußtsein der Nation erfreut und mit ihr die sichtbaren Träger dieser Idee mitsamt allen äußeren und inneren Veranstaltungen, welche auf ihre Verwirklichung abzielen.

Dieses geistige Band herzustellen war anscheinend der Grundgedanke, welcher den mehrerwähnten preußischen Gesetzentwurf mit Einschluß des § 8 der Vorlage beherrscht hat.

Nichts wäre ungerechter als dem ersten preußischen Justizminister, welcher, nach einer Reihe von Jahrzehnten, aus dem Richteramte hervorgegangen ist, der selbst einen der erfreulichsten Typen der preußischen Magistratur zur Darstellung bringt, unlautere Motive irgend welcher Art unterschieben zu wollen. Daß Herr Schönstedt weit davon entfernt ist, die Bahnen der Uhden, Simons und Lippe wandeln zu wollen, von reinster Begeisterung für die Würde und das Ansehen des Berufes erfüllt ist, welchem er selbst so lange Zeit hindurch mit ganzer Seele angehört hat, das ging nicht bloß aus dem warmen Hauche hervor, der seine Rede beseelte, sondern auch aus der Unanfechtbarkeit des von ihm vertretenen Obersatzes, daß das Richteramt unbedingt eines Schutzes gegen die Gefahr der Subalternisierung bedürfe. Und diesen Gedanken ausgesprochen zu haben bleibt ein unbestreitbares Verdienst. Wenn aber auf die Art, in der diese längst empfundene, aber noch selten zu klarem Ausdruck gebrachte, am wenigsten aber an maßgebender Stelle anerkannte Wahrheit zum Ausdruck gelangt ist, das Wort des heiligen Augustinus: „quasi e vinculis ratiocinantur" Anwendung findet, so liegt hier nicht sowohl ein Vorwurf gegen den guten Glauben ihres Verkünders, als vielmehr die unerläßliche Kritik des atmosphärischen Druckes, welchen der traditionelle, bureaukratische Vorstellungskreis auf die Entwickelung eines an sich richtigen Impulses zur Klarheit eines gesetzgeberischen Vorschlages ausübt. Dieser Druck geht aber hauptsächlich von zwei Irrtümern aus. Einmal davon, daß es einzig und allein darauf ankomme, das Angebot zu mindern und die Nachfrage zu steigern und dadurch den Preis ihres Gegenstandes zu erhöhen; anders ausgedrückt: in der Übertragung eines ökonomischen Gemeinplatzes von keineswegs unanfechtbarem Wahrheitsgehalt auf ein Gebiet, auf welchem die ökonomischen Faktoren hinter die maßgebenden, sittlichen, intellektuellen und politischen wesentlich zurücktreten; sodann aber von der fiskalischen Vorstellung, wonach eine Aufbesserung im Gehalt das Allheilmittel sein soll, durch welches die Justiz von ihrem Grundübel: dem Übermaß an minderwertigen Arbeitskräften befreit werden soll. Irrtümer nenne ich diese „bedingten Wahrheiten", weil ihre Erkenntnis in Bezug auf die uns beschäftigende Frage: wie ist der Richterstand auf die ihm gebührende Höhe zu bringen? uns nicht um eines Haares Breite fördert. So lange nämlich das Richteramt mit einer Fülle subalterner Geschäfte beladen ist, so lange wird es auch auf subalterne Menschen eine unwiderstehliche Anziehungskraft ausüben, mögen nun diese in großer oder geringer Zahl vorhanden sein, sich schlechter oder guter Besoldung erfreuen. Den Numerus und das Gehalt zu maßgebenden Faktoren erheben heißt eben nichts anderes, als den erhabensten amtlichen Beruf in die Niederungen der fungiblen Verrichtungen herabdrücken, sie unter die Herrschaft der Faktoren der Preisbildung bringen, unter die sie schlechterdings nicht gehören. Was würde die praktische Folge des mehrerwähnten Gesetzentwurfes sein? Zunächst würde das administrative Sieb der Ernennung zum „Gerichts-Assessor" auf den „Zudrang" abstringierend wirken. Wir wollen dies wenigstens für einen Augenblick annehmen. Bald aber würde Mangel eintreten und die Löcher des administratierten Siebes würden sich schleunigst verengen, der Abfluß in die Advokatur würde geringer und die „brauchbare" Mittelmäßigkeit im Richteramte wieder zu Ehren kommen. Dies wäre eine Art von „Antrag Kanitz" für die Rechtspflege. Eine ganz mechanische Maßregel, mit welcher man wohl diesen oder jenen vorübergehenden administrativen Effekt, aber nimmermehr das erzielen würde, wessen das Richteramt in Preußen, wie in allen Kulturstaaten bedarf, jener schwung- und hoheitsvollen Vornehmheit, ohne welche die Rechtsprechung eine mehr oder minder mechanische Verrichtung und die Organe derselben mehr oder minder handwerksmäßig geschulte Fachmenschen bleiben, ohne jeden Zusammenhang mit jenen großen Ideen, die das moderne Kulturleben beherrschen und gleichsam das Rückgrat der civilisierten Menschheit bilden.

XII.

Welches nun sind aber die Mittel und Wege, um das Niveau des Richterstandes auf die ihm gebührende Höhe zu bringen? Die Antwort lautet **zunächst** negativ. Die positive wird sich aus der Abgrenzung des Auszuscheidenden gegen das Zurückbleibende von selbst ergeben. Dieses Mittel ist mit nichten die **Herabdrückung des Niveaus der Advokatur**. Und eine solche würde unfehlbar eintreten, wollte man geflissentlich die „minderwertigen" Elemente in dieselbe **abfließen** lassen. Zwar würde, wie wir bald sehen werden, dieser Zweck in Wirklichkeit nicht erreicht werden, weil es auf einer argen Täuschung beruht, zu meinen, daß die administrative Zuchtwahl des § 8 des Entwurfes irgendwie geeignet erscheint, diesen Zweck zu erreichen. In die Advokatur **abfließen** würden zunächst nicht die minder**wertigen**, sondern nur die irrtümlicher und bedauerlicher Weise zu minderwertigen **offiziell gestempelten** Elemente, als da sind alle diejenigen, welche in der Wahl ihrer Väter, Vettern u. s. w. und sonstiger verdienstlicher Beziehungen nicht die wünschenswerte Vorsicht beobachtet haben, von den durch das Pöbelgeschrei der Gasse zu Parias gestempelten Kategorieen gar nicht erst zu reden. Ist aber das geistige, moralische und sociale Niveau des gesamten Stromes, der sich erst bei der großen Staatsprüfung in die beiden Arme des Richter= und Advokaten= standes gabelt, von Hause aus das gleiche, dann würde es nicht bloß ungerecht, sondern auch den Interessen der Rechtspflege geradezu verhängnisvoll werden, wollte man durch künstliche Schleusenvorrichtungen und Stauwerke den Wasserspiegel des einen Armes zu Nutz und Frommen des andern senken. Denn im letzten Grunde handelt es sich — und diese Wahrheit kann nicht oft genug wiederholt und nicht scharf genug betont werden — nicht um die Interessen dieses oder jenes Zweiges, des Richter= oder Advokaten**standes**, sondern um die Hebung des Ansehens der Rechtspflege. Nur die gleichzeitige Hebung des Richterstandes und der Advokatur vermag die Rechtsidee vor der Versumpfung zu behüten, den anarchischen Instinkten die Verwüstung der Errungenschaften tausendjähriger Kultur mit Erfolg streitig zu machen.

Achtung vor der Rechtsidee, Achtung vor ihren sichtbaren Trägern und berufsmäßigen Verfechtern als äußere Handhabe für die Erreichung des den Veranstaltungen der Rechtspflege immanenten Zweckes. Mit anderen Worten und von anderer Seite gesehen: **Herstellung der inneren und äußeren Bedingungen** für die sich im Volke befestigende Überzeugung, daß das Recht die höchste Macht in Staat und Gesellschaft bildet und daß es keine dringendere Aufgabe im öffentlichen Leben giebt, als die Befestigung seiner Grundlagen durch Herstellung einer dem Rechtsbewußtsein der Nation entsprechenden, von der Ehrfurcht der Volksgenossen getragenen Rechtspflege in ihren beiden Verzweigungen, dem Richteramte und der Advokatur, **das ist das Ziel**, welches jede Reform des Richteramtes in erster Linie ins Auge zu fassen hat.

XIII.

„Aber", so wird man gegen das obige Postulat, welchem in einem Staate, in dem der schöne Spruch: justitia fundamentum regnorum bei unzähligen offiziellen Zweckessen in allen Tonarten verkündet wird, der Vorwurf des Gemeinplatzes kaum wird erspart werden können, mit einem Schein von Berechtigung entgegenhalten: „wie ist es möglich im Wege staatlicher Veranstaltungen den Kultus einer Idee hervorbringen zu wollen, für welchen es in der Volksseele an der erforderlichen Empfänglichkeit fehlt?" Die großen, das Völkerleben bewegenden Ideen lassen sich nicht künstlich züchten. So wenig die Aufstellung der die köstlichsten Schätze der Kunst bergenden Sammlungen in der Hauptstadt der Aschantis oder irgend eines menschenfressenden afrikanischen Volksstammes die Begeisterung für die Kunst zu erzeugen vermag, so wenig werden die glänzendsten Justizpaläste und die bestgenährten Richter und Advokaten den Kultus der Rechtsidee in einem Volke groß zu ziehen vermögen, dessen gesamte geschichtliche Entwicklung gleichsam abseits der großen Heerstraße sich bewegt hat, über welche die Rechtsidee bei anderen Völkern ihren feierlich ernsten, Achtung gebietenden Zug vollendet hat. „Brandenburg=Preußens Rechtsverwaltung und Rechtsverfassung", wie sie uns in der trefflichen Darstellung Stölzels und in zahlreichen nicht minder wertvollen Arbeiten anderer Forscher (Kühns, Holtze, Weisler) entgegentritt, hat, wir müssen es zugeben, nichts gemein mit dem zum Teil aristokratisch=feudalen Werdegange der entsprechenden Einrichtungen in England und Frankreich. Namentlich in dem letzteren hatte sich die Rechtspflege bis zur Revolution von 1789 in einem Berufsstande gleichsam verkörpert, der sich allmählich zu einem dem „Waffenadel" (noblesse d'épée) ganz gleichwertigen „Gerichtsadel" (noblesse de robe) ausgestaltet hatte. Aus den vornehmsten socialen Elementen sich rekrutierend, mußte die Rechtspflege — beide Zweige gleichmäßig umfassend — naturgemäß auch zu dem vornehmsten Berufsstande um eines Hauptes Länge über alle anderen hinauswachsen. Freilich hat auch diese Entwicklung auf die Ausscheidung des gesamten subalternen Kleinkrames und seine Ablagerung in den niederen Schichten der Hilfsorgane den größten Einfluß ausgeübt. Rechtsprechung, Schreiber- und Büttelbienste waren ebenso getrennt und ist diese Trennung bis in die jüngste Zeit geblieben, wie die Thätigkeit des Fürsprechers vor Gericht, des avocat von der den Prozeßbetrieb monopolisierenden Parteivertretung, der Prokuratur (avoué), aber auch von dem weder mit dem Richteramte, noch auch mit der Advokatur in irgend welchem inneren Zusammenhange stehenden Notariat. Auf diese Trennung als auf die Grundbedingung einer gedeihlichen Entwickelung der Rechtspflege in England und Frankreich — denn auch in England existieren bekanntlich die analogen Verhältnisse (barrister, solicitor, notary public, commissioner for oaths etc. etc.) — schon vor einer Reihe von Jahren hingewiesen zu haben, ist das unbestreitbare Verdienst der, abgesehen von einigen antisemitischen Schrullen, trefflichen und mit warmer Begeisterung für die Sache der Rechtspflege geschriebenen Schrift von Prischl (Advokatur und Anwaltschaft, Wien 1888). Wie aber soll das Ergebnis vielhundertjähriger Entwicklung auf bestimmter geschichtlicher Grundlage ohne weiteres auf ein Gebiet übertragen werden, auf dem es an diesen Grundlagen fehlt? Mit der Pflanze müßte das gesamte Erdreich herübergenommen werden. Das geht leider nicht; und so bleibt denn nur übrig, anknüpfend an das Bestehende, Gedanken gesetzgeberisch zu formen, welche unabhängig von volkstümlicher Eigenart den Dingen gleichsam immanent sind und weit über die politischen Grenzpfähle hinaus sich als Bestandteil gemeinsamer, die europäische Menschheit beherrschender Kulturbegriffe erweisen. Von einer zünftig-aristokratischen Geschlossenheit der beiden Zweige der Rechtspflege kann bei uns wohl nicht die Rede sein. Das Socialbedeutsame dieser Lebensberufe kann in der heutigen Gesellschaftsordnung weder in dem Übergewicht an politischer Macht, noch auch auf der Gunst der Erwerbsbedingungen allein beruhen, wenn auch das letztere als unterstützendes Moment hinzutreten mag, da wo die idealen Bedingungen dafür außerdem vorhanden sind. Hier muß ein Drittes in Thätigkeit treten: **die Stärkung der idealen Elemente des Richteramtes und der das letztere ergänzenden Advokatur durch Aussonderung der fungiblen Bestandteile und die Verweisung der letzteren in die lohnendern, auf den ehrenvollen Gelderwerb gerichteten, aber mit dem Fürsprecheramt vor Gericht und der Rechtsfindung jeder Gemeinschaft entbehrenden niederen Schichten juristischer und administrativer Technik.**

XIV.

Die platte Verwechselung des Richteramtes und der Advokatur mit dem „Juristenstande" schlechthin muß aufhören. Der letztere ist der Urbrei, aus dem die beiden anderen, neben den Elementen der Verwaltung hervorgehen. Die Rechtsprechung als solche, die Civil-, Straf- und Verwaltungsjustiz, soweit sie die Aufgabe hat, Konflikte zwischen Volksgenossen unter einander und dem Einzelnen mit den öffentlichen Gewalten durch vollstreckbare Sentenzen zum Austrag zu bringen, hat nichts gemein mit den unter Beobachtung der Gesetze von Rechtsverständigen zu verrichtenden Handlungen der öffentlichen Wohlfahrt. Der juristischen Vorbildung werden auch diese nicht entbehren können, ja die technischen Grundlagen derselben mögen bei allen Kategorieen im wesentlichen die gleichen bleiben. Auch auf die Änderung der Namen soll zu Nutz und Frommen derjenigen, die bei diesem Vorschlage ein Wehegeschrei ob der unhistorischen Ausländerei erheben möchten, kein Gewicht gelegt werden. Mögen doch die wunderlichen Namen Grundbuch-, Register-, Vormundschafts-, Subhastations- und Vollstreckungs-Richter (!!) in Gottes Namen unangetastet bleiben. Aber die Civil-, Straf- und Verwaltungsjustiz befreie man von dieser widernatürlichen Verbindung dadurch, daß man dem Manne, der die Aufgabe hat, über die höchsten Güter der Volksgenossen zu wachen, die Möglichkeit gebe, sich in die Lösung der ihm gewordenen Aufgabe ganz zu vertiefen und durch das pflicht- und gewohnheitsmäßige Nebeneinander richterlicher und Verwaltungsgeschäfte nicht in die Niederungen der vertretbaren Verrichtungen herabzusinken. Man wird hiergegen einwenden, daß gerade die in unseren „Amtsgerichten" zu Tage tretende Verbindung dieser mannigfaltigen Geschäftszweige eine glückliche Ausgestaltung des englischen Friedensrichteramtes und bis zu einem Grade auch des französischen juge de paix zum Ausdruck bringe. Das beruht auf einem zwar leicht vermeidlichen, aber weitverbreiteten

Irrtum. Das englische Friedensrichteramt ist ein wesentlich polizeiliches, der Friedensbewahrung und dem öffentlichen Sicherheitsdienste gewidmetes Ehrenamt. Es ist ein Organ der Selbstverwaltung und hat mit der Rechtsprechung in unserem Sinne so gut wie gar nichts zu schaffen. Der französische juge de paix ist das eigentliche Muster und Vorbild unseres Amtsrichters, was seine **Zuständigkeit** in Civil- und Strafsachen betrifft. Zuzugeben ist freilich, daß das geistige Niveau unseres „Amtsrichters" über das seines französischen Vorbildes turmhoch hinausragt. Aber wie fehlerhaft auch das französische Institut des juge de paix innerlich konstruiert, wie sehr es auf einer Verballhornung des gleichnamigen englischen Instituts beruht, so ist es doch weit davon entfernt, die unerläßliche Pflanz- und Durchgangsstätte für das **höhere** Richteramt zu sein, mit welchem es vielmehr gerade so viel oder so wenig gemein hat, wie das Amt des greffier, huissier, notaire, avoué oder agréé. Es ist eben ein Amt der **niederen** freiwilligen und streitigen Gerichtsbarkeit und das Aufsteigen aus diesem in die höhere gehört zu den verschwindenden Seltenheiten. **Nicht wegen**, sondern **trotz** seines amtlichen Ursprunges aus dem Friedensrichteramt kommt es vor, daß auch einmal ein besonders hervorragendes Individuum, welches ganz zufällig, ungeachtet seiner für die höheren Berufszweige des Rechts genossenen Vorbildung in diese Karriere hineingeraten ist, aus derselben von der Woge der Politik oder sonstiger das Ämterwesen in Frankreich in bedauerlicher Weise beherrschenden Tagesströmungen plötzlich in die höheren Sphären des juristischen Berufes emporgetragen wird. Das achtbare, hochbedeutsame, aber im Grunde **subalterne** Amt des juge de paix zum allgemeinen Ausgangspunkt für das Emporsteigen in das Richteramt als solches zu machen, ist bisher in Frankreich noch keinem Menschen eingefallen, weil auch hier, wie in England und den Ländern entsprechender Kultur, das Richteramt **die edelsten Kräfte des juristischen Berufes** erfordert, diese aber auf den untersten

Stufen der Ämterorganisation nur ganz ausnahmsweise und ganz vereinzelt zu finden sind.

XV.

Die Schwierigkeit, die niedere Justiz, d. h. die Rechtsprechung in den kleinen Civil- und Strafsachen auf der untersten Stufe der Gerichtsorganisation von den rein administrativen Funktionen des Grundbuch-, Register-, Vormundschafts-, Vollstreckungs-„Richters" u. s. w. zu trennen, soll nicht verkannt werden. Einen bestimmt formulierten gesetzgeberischen Vorschlag nach dieser Richtung zu machen, wäre vermessen und unzeitgemäß. Es genüge, an dieser Stelle nur den Sitz eines Übels anzudeuten und die Richtung, in welcher sich das künftige Heilmittel zu bewegen hat. Eines aber thut unbedingt not. Man beseitige den Wahn, daß, wie einst der Soldat des ersten Kaiserreiches den Marschallstab in seinem Tornister getragen hat, so jeder Gerichtsassessor von Natur und Rechts wegen dazu berufen wäre, zum höheren Richteramte emporzusteigen. Zur Pflanzstätte des letzteren mache man die Advokatur, das heißt denjenigen Beruf, der wie kein anderer die unerläßlichen Bedingungen des Geistes und Charakters, dessen das Richteramt in Preußen bedarf, einzig und allein zu schaffen und zu gestalten imstande ist.

Die Advokatur sagen wir, damit meinen wir aber auch nicht die traurige Mißgestalt, in welche das Fürsprecheramt vor Gericht durch seine Verbindung mit der Prokuratur, dem Notariat und — wenn auch nicht dem Namen nach, so doch funktionell — sogar dem Gerichtsvollzieherwesen hineingeraten ist. Nein, sondern parallel mit der Befreiung des höheren Richteramtes von dem fungiblen Ballast der „brauchbaren" und „tauglichen Subjekte" muß die Befreiung der Advokatur von den fungiblen Elementen des juristischen „Machertums" in Gestalt der auf „Gebühren" zugeschnittenen Handlangerdienste der Prokuratur, des Gerichtsvollzieherwesens und des Notariats sich entwickeln. Der Weg zu diesem Ziele ist kurz. Die damit zusammenhängenden Änderungen lassen sich ohne die geringste Erschütterung der jetzigen Verhältnisse durchführen. Dazu bedarf es zweier Dinge. Man verleihe in Zukunft keinem Rechtsanwalt das Notariat, der nicht auf das Recht, vor den Kollegialgerichten aufzutreten, für die Dauer der Ausübung seines „Amtes" verzichtet. Man ernenne ferner zu Richtern bei den Kollegialgerichten niemand, der nicht vorher während einer bestimmten Anzahl von Jahren sich als tüchtiger, charaktervoller, uneigennütziger Verfechter des Rechts seiner Volksgenossen bewährt hat, wobei es ja dem Ansehen dieser Pflanzstätte nicht gerade nachteilig werden kann, wenn sich die betreffenden Persönlichkeiten auch durch Geist, Wissen und Beredsamkeit einigermaßen hervorthun. Die Lockspeise des Notariats wird unfehlbar den fungiblen, auf Erwerb ausgehenden Elementen der bisherigen Rechtsanwaltschaft den Verzicht auf die Ehren der sella curulis wesentlich erleichtern. Sie wird die vornehmeren Bestandteile derselben unfehlbar an die Ideale ihres Berufes fester binden und dadurch diesem selbst jenen Glanz und jene Vornehmheit verleihen, welche der Rechtsprechung als solcher und damit der Idee des Rechts und der Gerechtigkeit zu Gute kommen muß.

Diese Elemente befreie man aber auch von dem den breitesten Raum in der heutigen Rechtsanwaltschaft einnehmenden Kleinkram des Prozeßbetriebes, des Zustellungs- und Ladungs-, sowie des Zwangsvollstreckungswesens, indem man denjenigen, welche sich ausschließlich den beiden einzigen des westeuropäischen Advokaten würdigen Geschäften der Rechtsverteidigung und der Rechtsbegutachtung („plaidieren und respondieren", wie Prischl a. a. O. die beiden Hauptfunktionen des westeuropäischen Advokaten zutreffend charakterisiert) widmen wollen, die Möglichkeit gewähre, ihre besten Jahre und ihre edelsten Fähigkeiten in ödem, subalternen Formenkram nicht zu verzetteln, an welchem freilich die C.P.O.

das Menschenmögliche leistet (vergl. die Zustellungs-, Ladungs- und Zwangsvollstreckungsjurisprudenz des Reichsgerichts).

Die Ansätze für diesen Zustand sind bereits innerhalb der gegenwärtigen Verhältnisse vorhanden. Die **Rechtsanwaltschaft beim Reichsgericht** entspricht **bis zu einem hohen Grade**, wenn auch nicht vollständig den vorstehend dargelegten Postulaten. Auch bei den Rechtsanwaltschaften der Oberlandesgerichte beginnen sich de facto ähnliche Zustände zu entwickeln. Thatsächlich gedeiht nämlich das Notariat nur in seiner Verbindung mit der Rechtsanwaltschaft der untersten Instanz. Die Verbindung der Advokatur mit dem Notariat wirkt, nach altpreußischer Tradition, nach welcher der Beruf auf der Wertskala um so tiefer steht, je unabhängiger er vom offiziellen Apparat der Staatsverwaltung dasteht, bei der Mehrzahl der Oberlandesgerichtsanwälte in erster Reihe „dekorativ". Man wird in Preußen „Notar", weil man bei Nichternennung zu diesem im Grunde subalternen Amte, die ganze Schwere des „Übergangenseins" auf sich lasten fühlt. Bei manchen hat das „Notariat" freilich auch die Bedeutung eines Erwerbszweiges, welcher in die durch die „Konkurrenz" geschaffene Lücke des wenig beschäftigten Rechtsanwalts helfend und vor dem finanziellen Mangel bewahrend eintritt. Aber auch hier wirkt „das Hineinströmen des Prokuratorentums", wie Prischl die moderne deutsche Rechtsanwaltschaft bezeichnet — Le Berquier (Le Barreau ancien et moderne. Paris 1878) nennt die deutschen Rechtsanwälte „avoués plaidants" — auf das Niveau der Rechtsanwaltschaft bei den Oberlandesgerichten niederdrückend. Auch hier würde — und zwar ganz besonders — es sich empfehlen, den Ausschluß der Praxis bei den Amtsgerichten und die Übertragung des Prozeßbetriebes an eine **begrenzte Anzahl zu ernennender Anwälte**, welchen aber das Plaidieren vor den Kollegialgerichten zu untersagen wäre, teils als Erschwerungs-, teils als Anziehungsmittel für die Rechtsindustrie wirken zu lassen. Man wird diesem Vorschlage entgegenhalten, daß sich die hier empfohlene Trennung zwischen Prokuratur und Advokatur, wie sie fast in allen Ländern der angelsächsischen und romanischen Kultur, wenn auch in **verschiedenem Grade** besteht, gerade in ihrer Heimat nicht bewährt habe und daß gerade dort die **Vereinigung** der beiden Zweige der Rechtsbeistandschaft vielfach in Erwägung gezogen, ja sogar, wie in Belgien, gesetzlich teilweise geduldet wird. Der Einwurf ist unbegründet. Die Klagen betreffen die **Übertreibung** der sich aus dieser Trennung mehrfach ergebenden Konsequenzen, welche mit herüberzunehmen gar kein Grund für uns vorhanden ist. Die Unnahbarkeit des Fürsprechers für seinen Klienten, die Notwendigkeit, sich in **allen** den Rechtsstreit betreffenden Dingen ausschließlich der Vermittelung des Avoués und des Solicitors zu bedienen, ist freilich ein Auswuchs, der zum Teil auf der Sitte (richtiger „Etiquette") des Heimatsortes, zum Teil aber auch auf den Interessen des subalternen Zweiges beruht. Die deutsche Advokatur braucht sich keins von beiden gefallen zu lassen. Bei der starken Anziehungskraft, welche das Subalterne überall auf seines Gleichen ausübt, wird es ja nicht fehlen können, daß sich die große Masse der Rechtsuchenden in erster Linie an den Prokurator wendet, daß dieser die **Beherrschung** und **Führung** des Prozesses aus Eigennutz an sich zu bringen und dem Klienten klar zu machen suchen wird, daß er der eigentliche Verteidiger seiner Gerechtsame, der Advokat dagegen lediglich ein von ihm abhängiges Hilfsorgan und durch das Gesetz unentbehrlich gemachtes Übel wäre! Auch jetzt schon haben wir Ähnliches bekanntlich in dem Verhältnis der Rechtsanwaltschaft verschiedener Instanzen zu verzeichnen, bei welchen, dank der **Lokalisierung**, sich vielfach eine gewisse Abhängigkeit der Obergerichts- von den Untergerichtsanwälten herausgebildet hat. Aber, wenn auch das geschickte, prozeßgewandte, allen sittlichen Ernstes bare, einzig und allein auf den Erfolg des „Gewinnens" gerichtete, im tiefsten Grunde aber subalterne „Machertum" es hier wie da über die vornehmen und zurückhaltenden, für den wahren Beruf des Advokaten ungleich höher veranlagten, aber durch die brutale Konkurrenz des „Machertums" in den Schatten gestellten und dadurch ihrem Eifer und in ihrer Leistungsfähigkeit vielfach ermattenden Elemente hinausbringt, so liegt das hauptsächlich an der, namentlich für die erste Instanz, so außerordentlich nachteiligen Verkoppelung der Advokatur mit der Prokuratur und dem Notariat. Hier also müssen die Hebel angesetzt werden. Der **Prozeßbetrieb** ist in die Hände des geschlossenen, im Wege der **Ernennung** zu ergänzenden, die besten Chancen für den Geldverdienst gewährenden, meinethalben sogar mit dem **Notariat** zu verbindenden **Prokuratorenstandes** zu legen, welcher aber **disziplinarisch** aus dem Verbande der Advokatur auszuscheiden und teils seiner eigenen korporativen, teils der staatlichen Disziplinargewalt und dem **Aufsichtsrecht** des Gerichts, bei dem er „zugelassen" wird, zu unterstellen ist. Für diesen behalte man nur die Tarifsätze der Gebührenordnung bei, wie es bei allen fungiblen Leistungen zu Nutz und Frommen des Publikums angezeigt erscheint. Für die **Advokatur sind aber Lokalisierung und Gebührenordnung** ohne jede innere Berechtigung. Das Fürsprecheramt vor Gericht ist nicht bloß eine der vornehmsten öffentlichen Funktionen, sondern ein freier Beruf, ja sogar eine freie „Kunst" — so weit dabei die rednerische Begabung in Frage kommt, ohne welche es einen bedeutenden Advokaten nie gegeben hat, noch geben wird — wenn auch, unter den gegenwärtigen Verhältnissen, eine große Anzahl **höchst achtbarer** Rechtsindustrieller und Rechtshandwerker sich ohne dies gut zu behelfen vermag! Es ist widersinnig, den Mann meines höchsten persönlichen Vertrauens mir unter der an einem bestimmten Orte gerade zufällig vorhandenen Anzahl von Individuen anweisen zu wollen, die ich nicht kenne und bei deren Auswahl ich auf die mehr oder minder uneigennützige Empfehlung eines Dritten angewiesen bin. Und es ist weiterhin mehr als widersinnig, weil im höchsten Grade ungerecht, diesem Manne meines höchsten persönlichen Vertrauens zuzumuten, sich, namentlich wenn die von ihm erwartete Leistung in der gesamten, über das Durchschnittsmaß hinausragenden Persönlichkeit eine Gewähr findet, mit dem gleichen materiellen Äquivalent zu begnügen, wie es jeder mittelmäßige „Kollege" zu beanspruchen vermag, dessen Leistungen einen wesentlich geringeren Wertgehalt aufweisen. Ich verkenne nicht, daß hier die Gefahr der Ausbeutung des Publikums nicht ganz ausgeschlossen ist und daß das faktische Monopol, dessen sich der „gesuchte" Advokat, dank der rührigen Benutzung der Werbetrommel der Reklame, sowie den zahlreichen Machenschaften, in denen das advokatorische „Machertum" sich gewiß niemals und durch keine Maßregel wird stören lassen, erfreuen dürfte, hier und da zu einem Tummelplatz schnöder Gewinnsucht führen kann! Dergleichen ist ja, Dank der Paktierfreiheit, auf welche übrigens neben der Gebührenordnung nicht verzichtet werden kann, schon jetzt, ab und zu, wenn auch überaus selten, vorgekommen. Namentlich die Verteidigung in Strafsachen, jener Höhepunkt advokatorischer Thätigkeit, welche in den Ländern westeuropäischer Kultur nur den hervorragendsten und vornehmsten Advokaten zufällt, könnte mit der Zeit in manchen Großstädten des deutschen Reiches zu einem juristischen Klopffechtertum herabsinken, welches, wie keine andere Thätigkeit, dem Ansehen der Rechtsanwaltschaft außerordentlich nachteilig zu werden droht. Derartige Zustände finden aber ihre ausschließliche Quelle in der aller Beschreibung spottenden Nichtachtung, mit welcher die Strafprozeßordnung und mit ihr die traditionellen, dienstpragmatischen Verkehrtheiten der Justizverwaltungen und der Gerichte das Amt des Vertheidigers in Strafsachen ausgestattet haben und dieses hinwiederum wurzelt im letzten Grunde in der kümmerlichen Entwicklung, welche der Rechtsidee, zurückgedrängt durch die politische Misère vergangener Jahrhunderte, in Deutschland, insbesondere in Preußen zu teil geworden ist. Auch das erste Vierteljahrhundert des neugegründeten deutschen Reiches war, wie männiglich bekannt, dem „Kultus der Rechtsidee" nicht sonderlich hold. Die Konzentration der nationalen Kräfte auf die Vollendung des Einigungswerkes, die Verschärfung der Klasseninteressen und mit ihnen das mächtige Erstarken der materialistisch-ökonomischen Reaktion gegen die angeblichen Auswüchse eines „weltflüchtigen Idealismus" haben dem fröhlichen

Emporblühen der Rechtsidee den Spielraum nicht unwesentlich verkümmert. Es ist höchste Zeit, daß dem ferneren Umsichgreifen dieser kulturfeindlichen Mächte endlich Einhalt geschehe. Wir sind dazu auf dem besten Wege. Unser Rechtsleben hat einen nie geahnten Aufschwung genommen. Überall treten die schwierigsten und interessantesten Aufgaben an den Gesetzgeber heran und eine der zugleich dringendsten und edelsten ist darunter die Herstellung wirksamer Garantieen für den Schutz der persönlichen Freiheit gegen die Übergriffe der staatlichen Organe der Vorbeugung und der Vergeltung, der Polizei und der Strafjustiz. Die Verteidigung in Strafsachen vor den Netzen eines spekulativen Gewerbes zu behüten, ist aber nur möglich, wenn die gesetzliche Stellung des Verteidigers den besten und vornehmsten Elementen der Anwaltschaft die Möglichkeit gewährt, diese hochwichtigen Funktionen zu übernehmen, ohne in die Gefahr zu geraten, durch die Übergriffe des subalternen Amtshochmutes von der Richterbank aus in seiner Würde verletzt zu werden.

XVI.

Es versteht sich von selbst, daß, was wir von dem Advokaten für die Rechtsbeistandschaft in Civilsachen verlangen, für die in Strafsachen erst recht unentbehrlich ist. Der Verteidiger muß, wenn er den Richtern gegenüber die ihm gebührende Stellung einnehmen soll, mit zwei Eigenschaften ausgestattet sein. Er darf einmal nichts in seinen berufsmäßigen Pflichtenkreis aufnehmen, was auch nur entfernt nach „Geschäft" duftet und er muß, auch dann wenn er eine überwältigende Persönlichkeit nicht besitzt, wenigstens in abstracto den Gedanken verkörpern, daß er jederzeit berufen werden könne, den Sitz einzunehmen, auf dem der Richter, vor dem er auftritt, seines Amtes waltet und daß er es, wie groß oder wie gering auch das materielle Opfer sein möge, das er diesem Wechsel seiner Funktionen zu bringen hätte, als eine **Erhöhung** seiner Stellung, als ein **Emporsteigen** auf der socialen Stufenleiter der idealen Werte erachtet, wenn ihm diese **Ehre** zu teil wird!

Aber auch dem Staate liegt es ob — nicht durch Orden, Titel und Lockungen hoher Remunerationen, sondern durch Erhebung des Richteramtes zu einem der ehrenvollsten im Staate — dem seinen Berufspflichten in vornehmer, uneigennütziger Weise obliegenden Advokaten eine seiner würdige Auszeichnung zu schaffen, indem er ihm die Berufung in das Richteramt in Aussicht stellt. Dafür, daß die Bäume nicht in den Himmel wachsen, wird freilich schon dadurch gesorgt werden, daß es immer nur eine geringe Anzahl von Leuten geben wird, welche durch Talent, gesellschaftliche Stellung und ein warmes Herz für die Berufsideale in den Stand gesetzt sind, sich den Luxus eines mäßig besoldeten, wenn auch hochangesehenen Amtes zu leisten. Jedenfalls soll aber der Staat durch veraltete dienstpragmatische Wunderlichkeiten seiner Verwaltungsbehörden nicht gehindert sein, die geeignetsten Elemente für die wichtigsten amtlichen Funktionen da zu suchen, wo sie am leichtesten zu finden sind, ohne auf die büreaukratischen Stelzen und Krücken des „Berichtes", um nicht zu sagen auf die unheimlichen Mächte, die auf Hintertreppen ihr Wesen treiben, angewiesen zu sein! Als ein außerordentlich wirksames Mittel zur Hebung der Advokatur empfiehlt sich auch die in vielen Staaten (z. B. England, Frankreich, Holland, Belgien) eingeführte **zeitweilige** Verwendung der Advokaten bei der Rechtsprechung, ihre **Zuziehung als Ergänzungsrichter**, bei zeitweisem Mangel in der Justiz. In England sind es bekanntlich — in erster Linie, wenn auch nicht ausschließlich — die Kings- oder wie sie jetzt heißen, Queens Counsel („Q.-C."), denen derartige Funktionen übertragen werden. Diese letzteren bilden die durch königliche Ernennungen zu „Anwälten der Krone" berufene Elite des englischen Barreaus, aus welcher sich die höheren und höchsten Richter rekrutieren. Diese nicht bloß mit außerordentlichem Ansehen, sondern mit — selbst nach englischen Anschauungen — übertriebenen finanziellen Vorteilen dotierten Richterstellungen, deren es für ganz England und Wales alles in allem einschließlich der Grafschafts- und Kommunalrichter (Recorder, common serjeant, stipendiary magistrate etc.) 103 giebt, werden ja freilich meist solchen Advokaten übertragen, die nicht selten auf einen großen Teil ihrer Einkünfte verzichten müssen, wenn sie das, trotz seines Glanzes und der hohen Besoldungen, immerhin weit weniger einträgliche Amt übernehmen. Das hängt mit der für unsere Begriffe schwer verständlichen, aber doch sehr natürlichen Eigenart der englischen Justizverhältnisse zusammen. Das Wesentliche dabei ist aber die Behütung des Advokatenstandes vor dem Aufgehen in materielle Erwerbsinteressen und seine Hebung durch die Übertragung von Funktionen, deren Ausübung ihn dem Richter um genau so viel näher bringt, als die Rechts verteidigung hinter der Rechtsfindung zurücksteht. Die Ernennung zum Queens Counsel ist indessen nicht immer gleichbedeutend mit der Erhöhung der Einnahmen. Das Umgekehrte tritt sogar infolge gewisser Etikettenrücksichten in Bezug auf die Höhe der Honorarbedingungen oftmals ein. Das dienstpragmatische Merkmal dieser obersten Kategorie von Fürsprechern liegt in ihrer Verpflichtung, die ihnen für die Krone zu übertragenden Prozesse zu übernehmen und Prozesse gegen dieselbe nur mit besonderer, jetzt im Wege der Delegation auf den Lordkanzler übergegangenen Genehmigung des Staatsoberhauptes, die aber de facto niemals versagt wird, zu führen.

Wichtiger aber noch als diese Stellung als Advocatus fisci ist die Funktion dieser Kronenanwälte im Strafprozesse, in welchen sie die Stellung der „Staatsanwaltschaft" einnehmen. Aber auch hier beschränkt sich ihre Thätigkeit wie im Civilprozesse auf das Plaidoyer und das Kreuzverhör, während die Führung der Untersuchung den hierfür besonders bestellten Organen unterstellt ist. Da nun die Zahl der Fälle, in welchen sie als Vertreter der Krone fungieren, fast ebenso groß ist als die, in denen sie die Verteidigung des Angeklagten führen, so sind sie vor jener Einseitigkeit, welche unserem öffentlichen Anklägertum einer-, wie unserm Verteidigertum andererseits anhaftet, ganz frei. Alles in allem gereicht diese Institution der Rechtspflege zum größten Vorteil, verleiht der Advokatur jenes für unsere Begriffe schier unverständliche Ansehen, dem Richteramte aber die strahlende Vornehmheit, deren sie unbedingt im Interesse des Rechtes und der Gerechtigkeit bedarf und dessen Mangel bei uns jene das öffentliche Rechtsbewußtsein in so hohem Maße schädigende Subalternisierung beider Berufszweige zur Folge haben mußte.

XVII.

Hier höre ich den Einwurf der Neunmalweisen, daß dergleichen wohl für England und Frankreich, ja für die ganze übrige mehr oder minder „civilisierte" Welt hingehen möge, daß es aber „bei uns" damit bedenklich aussehen würde. Denn „einmal"...., und nun kommen die bekannten „Gründe" in dem bekannten Aufmarsch, die, wie die Statisten auf kleinen Bühnen, „zu einer Kulisse hinaustretend, zur anderen wieder hereinkommen", um auf diesem ebenso wohlfeilen, als zweckmäßigen Wege den Eindruck überwältigender Massenhaftigkeit hervorzurufen! Diese Gründe durch Gegengründe zu widerlegen ist nicht schwer, wenn man ihnen gegenüber das entsprechende Verfahren zur Anwendung bringt. Nur mit dem Heerführer, dem imposantesten unter ihnen, welcher in der blanken Rüstung des „Historischen" gravitätisch einherschreitet und dem wir deshalb überall begegnen, wo es gilt, etwas Vernünftiges um deswillen zu bekämpfen, weil es „ausländisch" ist, wollen wir uns mit einigen Worten abfinden.

Nicht weil sie „englisch" oder „französisch", sondern weil sie dem Wesen der Sache entspricht, haben wir im Verlaufe dieser Betrachtungen der Ausscheidung alles dessen aus dem Richter- und Fürsprecheramt das Wort geredet, was diesen beiden Grundpfeilern des Rechtslebens, ihrem Ernst und ihrer Bedeutung widerspricht: der Befreiung des Richteramtes, namentlich auf seinen höheren Stufen, von dem Ballast achtungswerter, aber mit seinem innersten Wesen unvereinbarer Verwaltungsgeschäfte, der Ausscheidung der fungiblen Elemente aus der Advokatur und ihrer spezifischen Organisation als berufstechnischer Erwerbszweige! Und wo könnte es einen schlagenderen Beweis für die Begründetheit dieser Postulate geben als in der Thatsache, daß in allen europäischen Ländern, in welchen die Justiz die ihr gebührende Stellung im Volksleben — und nicht bloß in dem Ämterorganismus — einnimmt, der Werdegang, den Richteramt und Advokatur durchgemacht haben, im wesentlichen der gleiche war, mit alleiniger Ausnahme des modernen Preußens und der politisch von ihm beeinflußten Territorien. Hier von einer „organischen" oder nationalen Entwicklung zu reden, wäre angesichts der Thatsachen, daß die Justiz in Preußen seit den Tagen des Großen Friedrich bis auf die Gegenwart, eine von rein verwaltungstechnischen Zweckmäßigkeitserwägungen der verschiedensten Art, unter welchen die finanzpolitischen nicht selten eine Hauptrolle gespielt haben, beherrschte gebundene Marschroute zurückgelegt hat, welche ganz abseits der ihr naturgemäßen Bahnen liegt, mehr als verwegen. Die verhängnisvolle Selbsttrunkenheit des aufgeklärten Absolutismus, wie sie bei Gelegenheit des Müller Arnoldschen Prozesses, sich überschlagend, zu Tage getreten ist, war nur in einem Staatswesen möglich, in welchem die großen politischen Aufgaben und Machtfragen die gesamten nationalen Kräfte derartig aufgesogen hatten, daß die gleichmäßige Pflege der sittlichen und geistigen Elemente des Volkslebens bis zu jenem Zeitpunkte zurücktreten mußte, in welchem die ersteren ihre Lösung gefunden haben sollten. So wenig der Staat Friedrichs des Großen, trotz der bekannten Vorliebe des großen Königs für die raffiniertesten Ergebnisse der höchsten Kultur seines Zeitalters, der Entfaltung all jener unermeßlichen Schätze, welche das Geistesleben jener Epoche in deutschen Landen in seinem Schoße barg, freien Spielraum zu gewähren vermochte, so wenig konnten auch die sittlichen

Faktoren des Volkslebens damals zu ihrer vollen Wertschätzung gelangen. Nur dasjenige, was der um ihre Existenz nach Außen ringenden, werdenden „Großmacht" greif- und sichtbare Hand- und Spanndienste zu leisten geeignet schien, konnte auf besondere Förderung rechnen. Dem vorherrschend militärischen Geiste, welcher unser öffentliches Leben seither beherrschte, fehlte — wer wollte es leugnen — das Verständnis für die feinere Ausgestaltung jenes „Teiles" in dem „Verwaltungsmechanismus", welcher schließlich in den Augen der Machthaber nichts anderes war noch sein sollte als eines der vielen staatserhaltenden Elemente der öffentlichen „Ordnung". Nur in einem Staatswesen von so eigenartiger Bildung konnte schließlich auch ein von Hause aus freier Beruf wie die Advokatur von dem Staatsdienertum aufgesogen und in ein „Amt" verwandelt werden. Ein verhängnisvolles Mißverständnis, welches, wie alle auf Verkennung ihrer innersten Zwecknatur beruhenden sogenannten „organischen" Schöpfungen einer inzwischen fossil gewordenen Staatsraison durch die Schwerkraft des Hergebrachten an dem inzwischen durch die gesamte moderne Gedankenwelt aufgewühlten Boden unseres Rechtslebens festgehalten worden ist. Dies gilt nicht bloß von der auch in anderen deutschen Territorien und in Österreich vollzogenen und durch die C.P.O. für Gesamtdeutschland sanktionierten Verbindung der Advokatur mit der Prokuratur, sondern in noch höherem Maße von der nach dem Vorgange Preußens in verschiedenen deutschen Territorien aus Gründen äußerlichster Zweckmäßigkeit bewirkten sachwidrigen, ja geradezu widernatürlichen Verbindung des Notariats mit der Advokatur!! ...

Wenn also irgendwo, so kann dem Hinweis auf die Entwicklung der Dinge in anderen Kulturstaaten nicht mit dem Argument der „historischen" Entwicklung entgegengetreten werden, es sei denn, daß man damit die gewiß unbestreitbare Thatsache sollte bezeichnen wollen, daß ein Zustand, der gegenwärtig existiert, einmal zu existieren angefangen hat. Nur daß dieser Anfang selbst in Preußen nicht einmal weit zurückliegt und daß in den meisten übrigen deutschen Territorien die **Trennung der Advokatur von der Prokuratur** — alten Rechtens war und bis tief in das siebzehnte und achtzehnte, ja, bis in das neunzehnte Jahrhundert hinein existiert hat, bevor sie unter dem Einfluß einer rein äußerlichen Verkoppelung heterogener Funktionen des Rechtslebens auf Grund verkehrter verwaltungspolitischer Ideen, dem jetzigen Zustande hat weichen müssen; einem Zustande, welcher jedem „Europäer" ebenso unbegreiflich erscheint, wie er seitdem bei uns durch die Macht des Hergebrachten, ist zu sagen: der dienstpragmatischen Routine, sich zu einem schwer hinwegzudisputierenden Faktor unseres öffentlichen Lebens emporgearbeitet hat.

XVIII.

Der Hinweis auf andere Kulturländer bedeutet also in diesem Falle mit nichten blinde Nachahmung ausländischen Wesens, sondern lediglich die Aufforderung: zufällig Gewordenes nicht für das „Einzigwahre" zu halten; sich von den Banden einer gewohnheitsmäßigen Anschauung zu befreien, welche über den Zaun einer territorialen Mißbildung nicht hinwegzuschauen vermag und die sich in dieser Mißbildung behaglich fühlt, weil eine Anzahl mittelmäßiger Köpfe dabei ihre Rechnung findet. Nachgerade müssen aber die Verhandlungen im Abgeordneten- und Herrenhause über den Assessorparagraphen auch dem eifrigsten Verfechter des Satzes von der Vernünftigkeit alles Gewordenen die Augen darüber geöffnet haben, daß es so nicht weiter geht, daß es mit dem „Ansehn" der Rechtspflege in dem jungen deutschen Reiche in reißendem Tempo „bergab" zu rollen beginnt, und daß es darum nichts weniger als verwegen erscheint, bei der Erörterung der Frage nach den Gründen, welche diese Erscheinung verursacht haben mögen, sich die entgegengesetzten Zustände in andern Staaten etwas näher anzusehen, die Vermutung hieran knüpfend, daß die Mittel zur Abhülfe etwas tiefer liegen dürften als da, wo sie die allzeit hilfbereite administrative Schulweisheit zu suchen geneigt sein möchte.

Gehaltsaufbesserung und künstliche Absperrung gegen das Eindringen von Elementen, die man durch eine verfehlte Struktur des Richteramtes und der Advokatur in diese beiden großen Reservoirs des Rechtslebens hineingelockt hat, werden vielleicht für eine kurze Zeit einen scheinbar „günstigen" (?) Effekt hervorrufen, aber das Ansehn der Rechtspflege zu heben sind sie wohl schwerlich geeignet. Hier kann nur eine durchgreifende Reform an Haupt und Gliedern helfen, eine Reform, die an das Wesen des richterlichen Amtes als des höchsten im Staate anknüpfend diesem Wesen gerecht wird und der Advokatur als der notwendigen Ergänzung des erstern diejenige Stellung anweist, ohne die es keine Rechtsverteidigung giebt, wie täuschend ähnlich auch die darauf abzielenden Veranstaltungen im übrigen beschaffen sein mögen.

Und damit wären wir zu einer Frage gelangt, welche an grundlegender Tragweite mit den in diesen Blättern „angeschnittenen" Problemen zum Mindesten wetteifert. Denn niemand wird uns glauben machen, daß die Hebung des Ansehens eines Berufes, und wäre er noch so bedeutsam, durch eine Reihe von äußeren Veranstaltungen zu gewährleisten ist, wenn nicht von Hause aus dafür Sorge getragen wird, daß auch die Pflanzstätten dieses Berufes in erster Linie vor Verkümmerung geschützt werden. Ein hochentwickelter Richter- und Anwaltstand ist nur denkbar, wenn und insoweit diejenigen Elemente, welche diese Funktionen zur Darstellung bringen, auch mit den erforderlichen geistigen Bedingungen ihres Wachstums von Urbeginn an ausgestattet sind. Wir meinen — das bedarf wohl keiner besonderen Erläuterung — die Hebel der Reform sind nicht erst an dem Scheidewege des Assessorats, sondern schon im juristischen Bildungswesen und zwar in diesem vornehmlich anzusetzen.

XIX.

Eine sehr umfangreiche Litteratur, als deren letztes Wort ich die bedeutsame Schrift des Professors Levin Goldschmidt (Rechtsstudium und Prüfungsordnung, Berlin 1887) erachte — was seitdem darüber geschrieben und geredet ist, tritt dagegen weit zurück — hat sich mit der Frage, welche das juristische Universitätsstudium und das Prüfungswesen umfaßt, seit einer Reihe von Jahren eingehend beschäftigt. Den Klagen über das „Sinken des Ansehens der Rechtspflege", wie sie namentlich in der jüngsten Landtagssession erklungen sind, waren die Klagen der Herren Universitätsprofessoren über die mangelhafte wissenschaftliche Vorbildung unserer jungen Juristen lange vorausgegangen. Uns in den hierüber entbrannten Streit zu mischen liegt uns fern. Über die zweckmäßigste Art den juristischen Unterricht auf unseren Hochschulen zu gestalten, dafür fehlt es uns an der erforderlichen Erfahrung und demzufolge auch an der nötigen Zuständigkeit. Die eigenen akademischen Erfahrungen zur Richtschnur für die Beurteilung der sich hieran knüpfenden technischen Fragen zu machen erscheint bedenklich. Was nach dieser Richtung bei den wiederholten Debatten über den Justizetat im preußischen Landtage von Praktikern zu Tage gefördert wurde ist zudem von so ungleichem Wert, daß man schon aus diesem Grunde eher geneigt sein möchte, sich auf die Seite der Rechtslehrer zu stellen, welchen ein kompetentes Urteil in Sachen des juristischen Unterrichts doch wohl zuzutrauen sein möchte. Aber auch hier wollen wir nicht verhehlen, daß der eklatante Gegensatz, welcher zwischen dem preußischen juristischen Bildungswesen und dem der übrigen civilisierten Welt besteht, die Wagschale zu Gunsten der letzteren senken dürfte. Die grundlegenden historischen Untersuchungen Goldschmidts haben unwiderleglich dargethan, daß das Verhältnis des akademischen Studiums zu dem sogenannten „Vorbereitungsdienste" überall das umgekehrte ist wie in Preußen und daß da, wo eine Annäherung an das preußische System (dreijähriges Rechtsstudium und vierjähriger Vor-

bereitungsdienst) erfolgt ist, dies, wie in Sachsen, nicht auf
Kosten des Universitätsstudiums hat geschehen dürfen. Für die uns
hier beschäftigende Frage nach der Hebung des Richter- und Anwaltstandes genüge der Hinweis darauf, daß die von uns dringend
verlangte Ausscheidung der niederen Funktionen der Organe der
Rechtspflege aus dem Berufe des „Richters" und „Advokaten" auch
die Ausscheidung alles dessen aus dem praktischen Vorbereitungsdienste zur Folge haben müsse, was, weit davon entfernt, die juristische
„Bildung" des künftigen Richters und Advokaten zu fördern, nur
geeignet ist, dem Staate unentgeltliche Arbeitskräfte zu-
zuführen. Es ist die höchste Zeit, daß nun endlich einmal mit
diesem in keinem andern Lande existierenden Brauche, die besten
Jahre derjenigen jungen Männer, welche für die höchsten Staatsämter berufen sind, in unproduktivem, subalternen Formenkram zu
verzetteln, anstatt, wie sichs gebührt, ihnen die reichlichste Gelegenheit
darzubieten, sich in die idealen Aufgaben ihres Berufes zu vertiefen,
ein Ende gemacht werde. Es kann ferner nicht dem geringsten
Zweifel unterliegen, daß auch die durch dieses System geförderte
wirtschaftliche Hörigkeit der preußischen Referendarien und Assessoren
in der ganzen civilisierten Welt ihres Gleichen nicht findet und daß,
wenn trotzdem der preußische Juristenstand im Allgemeinen (Richter,
Staatsanwälte, Advokaten und höhere Verwaltungsbeamte) in seiner
Art Vorzügliches leistet, dies nur ein eklatanter Beweis für die aus
andern Quellen herrührende, staunenerregende Widerstandskraft
und Gesundheit unseres Beamtentums und unserer Rechtsanwaltschaft ist, welche auch durch das verfehlteste System nicht zu
Grunde zu richten ist. Weit davon entfernt diese durch die Übung
eines halben Jahrhunderts sanktionierten Mißbräuche allzu tragisch
zu nehmen — ein Fehler, in welchem meines Erachtens die vor-
erwähnte grundlegende Arbeit Levin Goldschmidts, trotz ihrer un-
leugbaren Vorzüge, verfällt — sind wir doch der Meinung, daß die
freie Entfaltung des Richteramtes und der Advokatur für die Zukunft die Abstellung dieser Mißbräuche gebieterisch erheischt. Während
durch die Kodifikation des bürgerlichen Rechts für Gesamtdeutsch-

land, durch die nicht mehr abzuweisende Aufnahme des öffentlichen Rechtes, der Volkswirtschaftslehre und des Verwaltungsrechts, ja sogar historischer und philosophischer Disziplinen in den **obligatorischen** Lehrplan unseres theoretischen Rechtsstudiums auf den Hochschulen, der von dem angehenden Rechtsbeflissenen zu bewältigende Bildungsstoff gegen frühere Jahrzehnte ganz außerordentlich gewachsen ist, bedarf es, nach dem ausnahmslosen Vorgange fast aller Kulturländer, für den Eintritt in die Praxis des Justiz- und höhern Verwaltungsdienstes, sowie für die Advokatur einer verhältnismäßig kurzen Zeit, um die Handgriffe kennen zu lernen, deren auch der wissenschaftlich bestgeschulte Jurist bedarf, um den Anforderungen des Dienstes zu genügen. Vierjähriges Studium auf den Universitäten (von denen ja bei sehr vielen ein Jahr auf den die ganze Kraft absorbierenden Militärdienst[1] draufzugehen pflegt) und **höchstens** dreijähriger Vorbereitungsdienst und zwar **fakultativ**: je nach den besonderen Wünschen und Interessen des Referendars, **entweder** bei den Gerichtsbehörden **oder** bei Rechtsanwälten, Notaren und Verwaltungsbehörden, scheint uns eine weit sicherere Bürgschaft für einen tüchtigen juristischen Nachwuchs in seinen verschiedenen Verzweigungen zu gewähren, als der bisherige, mehr oder minder formalistische, zwangsweise Schlendrian, der sich unter dem Namen des „Vorbereitungsdienstes" an das „Studien halber" auf deutschen Universitäten — bezw. bei der „Couleur" — verlebte, durch den einjährigen Militärdienst arg verkürzte, im übrigen aber durch das sechsmonatliche Einpauken zum Examen, seine wissenschaftliche Weihe erhaltende „Triennium academicum", anschließt. Dieses gewährt, nach bisheriger Gepflogenheit, den besseren Elementen, an denen es ja gottlob nicht fehlt, freilich nur eine Anweisung auf die künftige Ausfüllung der „großen Lücke", als welche sich das theoretische Ergebnis ihrer Studienzeit dem Bewußtsein der meisten zu erkennen zu geben pflegt. **Nur in einem Punkte** möchten wir den Ergebnissen, zu denen Professor Gold-

---

[1] Vgl. indessen S. 59 V.

schmidt gelangt, entgegengetreten. So wenig wir einer einheit=
lichen Gestaltung des Vorbereitungsdienstes im Hinblick auf die
Verschiedenheit der Funktionen das Wort reden, zu denen der junge
„Jurist" in Deutschland berufen ist, so wenig vermögen wir, bereits
auf der Universität diese Uniformität zu befürworten. Es ist
schlechterdings unerfindlich, weshalb diejenigen jungen Männer,
welche durch Beruf, Neigung, persönliche Verhältnisse und Fähig=
keiten weder den Wunsch noch die Möglichkeit besitzen, die höchsten
Staffeln eines juristischen Berufszweiges zu erklimmen, bei der
Fülle und Verwickeltheit des für jeden Zweig der juristischen Lauf=
bahn zu bewältigenden Lernstoffes, bei der Eigenartigkeit der spezifi=
schen Aufgaben, welche die Thätigkeit des Richters und Advokaten
von der des Prokurators, Notars und Verwaltungsbeamten scheiden,
gezwungen sein sollen, in rein formaler Weise den h ö c h s t e n Anforde=
rungen, denen des Richteramtes und der Advokatur, zu genügen.
Hier, meine ich, könnte man, o h n e d a s b i s h e r i g e a l l g e m e i n e
N i v e a u z u s e n k e n, das obligatorische Bildungsniveau der künftigen
Richter und Advokaten nicht unwesentlich e r h ö h e n ! Unter „obliga=
torisch" verstehe ich hier nicht die Aufstellung wertloser formeller
Postulate in Bezug auf die D a u e r der beiden Vorbereitungs=
stadien, sondern die Geltendmachung von Ansprüchen an die G e i s t e s -
b i l d u n g der Kandidaten, g l e i c h v i e l w a n n u n d w o d i e s e l b e
erworben ist. Und zu diesem Behufe würde sich als äußeres Compelle
und annäherndes Kriterium für das Maß, in welchem der Kandidat
für das höhere Richteramt und die Advokatur den wissenschaftlichen An=
forderungen seines Berufes genügt hat, die Ablegung der ersten Prüfung
vor einer ausschließlich aus akademischen Lehrern [vielleicht unter
Z u z i e h u n g eines Staatskommissars mit b e r a t e n d e r S t i m m e] ge=
bildeten Kommission nach Art des Doktorexamens auf altpreußischen
Universitäten, ähnlich wie das in Österreich für die A d v o k a t e n
bereits längst vorgeschrieben ist, empfehlen. Diese Prüfung müßte
sich gleichmäßig auf a l l e Rechtsdisziplinen, sowie auf die Grund=
lehren der Nationalökonomie erstrecken und auch eine sichere Bürg=
schaft für ein relativ hohes Niveau a l l g e m e i n e r B i l d u n g ge=

währen. Der Nachweis einer solchen wäre durch Klausur=
arbeiten und Dissertationen, sowie durch eine ausgiebige
mündliche Prüfung zu führen; die Dissertation mit obligatori=
scher Drucklegung, aus deren Inhalte zu entnehmen ist, ob der
Kandidat die wissenschaftliche Befähigung für die beiden höchsten
Berufszweige des Juristenstandes, das Richteramt und die Advokatur,
besitzt, oder ob er ein tüchtiger, wenngleich für die höchsten Auf=
gaben dieses Standes nicht geeigneter Fachmann ist, dem man
wohl allenfalls die verantwortliche Führung von Registern, Be=
sorgung von amtlichen Ladungen u. s. w., Stellung sachgemäßer
Prozeßanträge, Anfertigung von Urkunden jeglicher Art, wie sie der
tägliche Rechtsverkehr erfordert und dergleichen sehr wichtiger und
an eine bestimmte Art von Intelligenz, sowie an die höchste Ge=
wissenhaftigkeit und Zuverlässigkeit appellierender Funktionen mehr
anvertrauen kann; der aber weit davon entfernt ist, jene edelsten
Eigenschaften des Geistes zu besitzen, die ihn befähigen, über die
höchsten Güter seiner Volksgenossen zu verfügen oder für deren
vermeintlich oder wirklich bedrohtes Recht vor einer aus ihm eben=
bürtigen Elementen zusammengesetzten Richterbank als Wortführer
und Beschützer aufzutreten!

Es ist eine arge Täuschung zu glauben, man könne den
„Stand" dadurch „heben", daß man durch Aufstellung einer Reihe
unerfüllbarer Postulate diese letztern im Effekte zu formalen
Kriterien der „Brauchbarkeit" degradiert. Die altpreußische Trennung
der höhern und niedern Funktionen des Richteramtes, wie sie noch
bis in die Mitte des 19. Jahrhunderts hinein bestanden hat, bot,
nach unserer Auffassung, eine viel sicherere Gewähr gegen das Über=
wuchern der „Vielzuvielen" als die spätere Beseitigung dieses Unter=
schiedes. Das massenhafte Einströmen fungibler Elemente in die
Advokatur und in den Richterstand ist lediglich die Folge der
mangelnden Differenzierung innerhalb dieser Kategorien der Rechts=
pflege. Durch die Gleichmäßigkeit jener Anforderungen an alles,
was eine „Robe" tragen will, wird die Wahnvorstellung genährt,
daß alle, die den Rubikon des Assessorexamens überschritten haben,

zu den höchsten Funktionen ihres Berufes ausersehen sind! Daher die große Zahl der Enttäuschten, Unzufriedenen, „Übergangenen"! Daher auch die an die Justizverwaltung mit wunderbarer Unverfrorenheit gestellte Forderung, auf ein Recht zu verzichten, welches im Prinzip als das notwendige Korrektiv gegen dieses selbstgeschaffene Übel erscheint: diejenige Auswahl zu treffen, deren kein Ressort der Staatsverwaltung auf die Dauer entbehren kann, ohne in dem Anciennitätsprinzip, dem gerechtesten für alle fungiblen, aber dem allerungerechtesten für die durch die Eigenart der Persönlichkeit bedingten und getragenen Leistungen, elendiglich zu verknöchern. Der hiergegen sich periodisch erhebende Schrei der Entrüstung ist ein beredter Beweis dafür, wie widernatürlich der Zuschnitt des Richteramtes in Preußen geworden ist, in welches, dank einer oberflächlichen dienstpragmatischen Schablone, alle mittelmäßigen Köpfe gleichsam hineingelockt werden, um dann, nachdem sie jahrelang unentgeltliche Schreiber- und sonstige mehr oder minder wichtige Handlangerdienste — nicht selten aber auch sogar die höchsten richterlichen Funktionen (natürlich auch unentgeltlich!) — ausgeübt haben, aus dem in ihnen durch die Justizverwaltung aus fiskalischen Gründen erzeugten Wahne, daß sie schlimmstenfalls ihr Leben als Amtsrichter in irgend einem verlorenen Winkel der Monarchie beschließen dürften, plötzlich und sehr unsanft geweckt, in einem Alter, in welchem in jedem andern Berufe die Grundlagen der bürgerlichen Einzelexistenz längst festgelegt sind, ihren Ranzen zu schnüren und das „gelobte Land" der Advokatur zu überfluten.... Oder sollte hier nicht die Bezeichnung „Berufsghetto" richtiger gewählt sein? Denn das ist die preußische Advokatur zu werden auf dem besten Wege. Nicht als ob wir hiermit in das antisemitische Geheule über die „Verjudung" der Advokatur einstimmen wollten. Niemand, der die Verhältnisse, wie sie sich seit dem Jahre 1879 in den preußischen Großstädten thatsächlich entwickelt haben, unparteiisch betrachtet, wird behaupten wollen noch können, daß das geistige oder moralische Niveau der Rechtsanwaltschaft durch das massenhafte, vielfach unfreiwillige

Einströmen jüdischer Gerichtsassessoren irgendwelche Einbuße erlitten habe. Das Gegenteil ist der Fall. Anders freilich steht es mit dem „Ansehn"!!! Und wie hätte es mit einem Berufe auch anders werden sollen, welchen die Justizverwaltung zum Abfluß= becken derjenigen Elemente gestaltet, denen sie aus hier nicht näher zu untersuchenden Gründen die ihnen gebührende Stellung im öffentlichen Dienste versagt hat. Nichts wäre freilich verkehrter als die Behauptung, daß alle jüdischen Assessoren, die in die Anwalt= schaft hineinströmen, für das Richteramt qualifiziert seien! Ge= wiß giebt es auch hier eine große Anzahl solcher, die, selbst wenn Hindernisse der gedachten Art nicht beständen, sich durch Beruf und Neigung zur Advokatur hingezogen gefühlt haben würden, neben einer gewiß nicht geringen Anzahl solcher, die dank der Eigenartig= keit der bisherigen Anforderungen, in die juristische Laufbahn hineingeraten sind, weil sie zu keinem anderen taugen und deshalb weder in das Richteramt noch in die Advokatur hineingehören. Aber während die „arische" Mittelmäßigkeit sich über alle Ressorts der Staatsverwaltung gleichmäßig verteilt, staut sich die „semitische" in dem einzigen juristischen Berufszweige, an welchem die „Inter= pretation" des Gesetzes vom 3. Juli 1869 bisher noch eine gewisse, wenn auch schmerzlich empfundene Zurückhaltung geübt hat. Und so ist es denn auch gekommen, daß einer der wichtigsten und be= deutsamsten Berufe im Staate allmählich auch in den Augen Fern= stehender dasjenige „Ansehn" zu verlieren droht, dessen er unbedingt im Interesse der Rechtspflege und des socialen Friedens bedarf, und das er trotz alledem und alledem, nach seiner ganzen sittlichen und geistigen Lebenshaltung auch in vollem Um= fange verdient.

XX.

Über die Reform des Richteramtes und der Advokatur in Preußen und in dem übrigen Deutschland zu reden ist nicht gut möglich ohne den Finger auch in diese Wunde zu legen. Was nützt alles Vertuschen und Verkleistern! Der Sturm der Entrüstung, welcher den Assessorparagraphen hinweggefegt hat, war gewiß nicht gegen das unbestreitbare Recht der Justizverwaltung gerichtet, das Richteramt gegen das Eindringen u n g e e i g n e t e r („minderwertiger") Elemente zu schützen, sondern lediglich gegen die Gefahr, das auf der Grundlage der bisherigen Dienstpragmatik erwachsene Anciennitätsprinzip durch das Willkürprinzip ersetzt zu sehn. Was heute den „Juden", das könnte morgen den „Katholiken", den „Polen", den „Welfen", den „Socialdemokraten" u. s. w. u. s. w. passieren, so argumentierten, anscheinend nicht ganz mit Unrecht, die politischen Oppositionsparteien bis tief in die Reihen der Nationalliberalen hinein. Hatten die Herren Justizminister bisher durch die Übung offen zu erkennen gegeben, daß sie jüdische Assessoren nur im äußersten Notfalle und bei vorzüglicher Qualifikation zu Amts= und Landrichtern ernennen und die letztern in die höhern richterlichen Ämter einrücken ließen, so sollte man von nun an in die angenehme Lage versetzt werden, „Niemanden zu verletzen". Aber die Folge dieses in abstracto und unter andern Verhältnissen sicherlich nicht zu mißbilligenden Höflichkeitssystems wäre doch nur wiederum die weitere „Verjudung" der Advokatur geworden und das war, wie es scheint, selbst den Nationalliberalen zu viel, die, wie schmerzlich es ihnen auch heute ankommen möge, die Namen Riesser, Veit, Lasker, Bamberger, Wolffsohn u. s. w. aus ihrem Inventarverzeichnisse nicht gut verschwinden lassen können. So bleibt denn schließlich für den Augenblick nichts übrig, als den großen Fehler der jüngsten Vergangenheit dadurch thunlichst wieder gut zu machen, daß man schleunigst auf die großen Prinzipien der f r e i h e i t l i c h e n Entwickelung in unserem Volksleben zurückgreift, um selbst denjenigen gerecht zu werden, denen nichts ferner liegt, als diese Prinzipien den J u d e n gegenüber, um dieser selbst willen, zur Anwendung zu bringen! . . . .

XXI.

Ziehen wir die Summe der vorstehenden Betrachtungen, so gelangen wir zu folgenden in Gestalt von Postulaten zu formulierenden Ergebnissen:

I. Entlastung des Richteramtes von allen mit demselben unvereinbaren Verwaltungsgeschäften. Verbindung der letzteren mit den ihnen verwandten Zweigen der Staats- und Kommunalverwaltung bezw. den von der Rechtsprechung getrennt zu haltenden Funktionen des Bureaudienstes, des Notariats und des Gerichtsvollzieherwesens, (z. B. der Grundbuchämter mit dem Kataster, des Vormundschaftswesens mit der Kommunalverwaltung, des Handels- und der ihm verwandten Register mit den Steuerbehörden) Übertragung der gesamten freiwilligen Gerichtsbarkeit auf die Notare, denen auch die Zwangsversteigerungen und Zwangsverwaltungen zu überlassen wären, des gesamten Zustellungswesens auf die Gerichtsvollzieher, der Konkurse an specielle aus zum „Richteramte befähigten" Personen und entsprechendem Hilfspersonal gebildete besondere Behörden, mit den Handels- und den ihnen übergeordneten Gerichten als Beschwerdeinstanzen. Daher:

II. Beschränkung des Richteramtes auf die reine Rechtsprechung, wobei die bisherige Trennung der Gerichtshöfe des gemeinen Privat- und Strafrechts von den Gerichtshöfen des öffentlichen Rechts (Verwaltungsgerichten) dahingestellt bleiben möge.

III. Gleichstellung der Justizämter im Rang-, Gehalts-, Titel- und Auszeichnungswesen mit den entsprechenden Kategorien der Staats- und Heeresverwaltung. Beseitigung des Anciennitätsprinzips bei dem Aufrücken aus dem Einzelrichteramte in die Kollegialgerichte. Ersatz desselben durch die im Wege der Präsentation der Gerichtsvorstände und der

Anwaltskammern durch die Landesjustizverwaltung statt=
findende Ergänzung des Richterpersonals in allen Instanzen
zu zwei Dritteln aus Richtern bezw. zum Richteramte be=
fähigten Personen (besoldeten Gerichtsassessoren) und
zu einem Drittel aus Rechtsanwälten bei Kollegialgerichten;
für die unterste Instanz auch aus Prokuratoren
(vgl. unten) und Notaren; zeitweilige Ergänzung des
Richterpersonals aus den entsprechenden Kategorieen der
Rechtsanwaltschaft.

IV. Differenzierung des juristischen Bildungs= und Prüfungs=
wesens, im Hinblick auf die künftig zu wählende Laufbahn.

A. Für die unteren Stufen (Amtsrichter, Prokuratoren,
Notare) mindestens dreijähriges Universitätsstudium,
im wesentlichen unter Beibehaltung des bisherigen Lehr=
plans unter Hinzufügung eines sechsmonatlichen orien=
tierenden, praktischen Vorbereitungskursus bei den
Gerichten oder bei einem Prokurator und einem Notar,
demnächst Ablegung einer Staatsprüfung vor
einer in der bisherigen Weise für die Referendariats=
prüfung zusammengesetzten (gemischten) Kommission, um=
fassend alle Disziplinen des Privatrechts, des Civil=
und Strafprozesses, sowie die Grundbegriffe
der übrigen Zweige des öffentlichen Rechts und der
Nationalökonomie, wobei dem geltenden Civilrecht
nebst dem Civilprozesse die erste, den übrigen
Disziplinen (einschließlich der rechtshistorischen) eine in
die zweite Reihe zurücktretende Bedeutung beizumessen ist.

B. Für die höheren Stufen (Richter bei Kollegialgerichten
und Advokaten) gründliche theoretische Vorbildung
in allen bisher den Gegenstand des juristischen Unter=
richts bildenden Rechtsdisziplinen, ohne Unterschied,
unter Hinzutritt der Volkswirtschaftslehre, der Finanz=
wissenschaft und des Verwaltungsrechts, unter Bei=
behaltung der sechsmonatlichen Orientierung (vgl. ad A.)

als einer fakultativen; ohne Aufstellung einer Minimaldauer des akademischen Studiums, aber unter so wesentlicher Erhöhung der Anforderungen an den Kandidaten, daß für die Vorbildung desselben ein Quadriennium academicum sich **thatsächlich und gewohnheitsmäßig als das Minimum herausbilden muß**! Demnächst Ablegung einer akademischen Prüfung vor einer ausschließlich aus Rechtslehrern unter Zuziehung eines Staatskommissars mit beratender Stimme zu bildenden Kommission.

C. Die Prüfungen sind **für beide Kategorien schriftlich und mündlich;** die schriftlichen für die ad A. lediglich Klausurarbeiten, für die ad B. Klausurarbeiten und wissenschaftliche Arbeiten

    a) über ein selbstgewähltes Thema (Dissertation),

    b) über vier gegebene Themata aus den Gebieten des Privat- und öffentlichen Rechts, sowie der Volkswirtschaftslehre,

deren Ablieferung insgesamt mit einem Zeitraum von höchstens einem Jahr zu befristen ist.

V. Abkürzung des praktischen Vorbereitungsdienstes für die Funktionen zu IV. A. auf 2, für die zu IV. B. auf 1½ Jahre, von welchen in beiden Fällen ein halbes Jahr bei einer Staats- oder Kommunalbehörde oder bei einer Privatverwaltung (Bank, industrielle Anstalt) zu absolvieren ist. Für die übrige Zeit des Vorbereitungsdienstes ist den Kandidaten die Wahl der Vorbereitungsstation (Gericht oder Rechtsanwalt, Notar resp. Staats- und Kommunalverwaltungsbehörde) frei zu stellen.

VI. Unterschiedslos obligatorischer Eintritt der Kandidaten für das höhere Richteramt und die Advokatur (vgl. unten) in die Advokatur unmittelbar nach Beendigung des Universitätsstudiums für die Zeitdauer von mindestens zwei Jahren, unter Ausschluß des aktiven und passiven Wahlrechts für die Anwaltskammer während dieser Zeitdauer. Im übrigen volle Gleichberechtigung der jungen Advokaten vor Gericht mit den Advokaten pleni juris (den aktiv und passiv wahlberechtigten Mitgliedern der Anwaltskammern).

Demnächst (nach Absolvierung des biennii) fakultative Berufung in das Richteramt auf Präsentation der Gerichts- und Anwaltskammervorstände (vgl. III.) oder definitiver Übergang in die Advokatur pleni juris.

VII. **Trennung der Advokatur von der Prokuratur und dem Notariat.** Unvereinbarkeit der Advokatur mit irgend einem dauernden besoldeten Staats- oder Kommunalamt, sowie der Vorstandschaft einer Privatgesellschaft oder persönlich verantwortlicher Teilhaberschaft an einem gewerblichen oder Handelsunternehmen.

VIII. Beseitigung des Ordens- und Titelwesens für die Advokatur oder, im Falle ihrer Beibehaltung, **Gleichstellung mit dem Richteramte.** Übertragung der Rechtsverteidigung des Staates im Civil- und öffentlichen Recht (Verwaltungs- und Strafgerichtsbarkeit) an hervorragende, die Bezeichnung „Kronanwälte" führende Rechtsanwälte, aus deren Mitte die Richterstellen aller Instanzen zeitweilig zu ergänzen sind. Vertretung der Rechtsanwaltschaft durch einen aus deren Mitte, auf **Präsentation der Anwaltskammern,** zu ernennenden, mit den Beamten derselben Kategorie für die Dauer seiner Amtsführung (gleiche Wahlperiode wie die Vorstände der Anwaltskammern) in gleicher Höhe zu besoldenden „vortragenden Rat" im Justizministerium und in dem Reichsjustizamt, welcher für die Dauer seiner Amtsführung in dem Verbande der Rechtsanwaltschaft mit allen Rechten und Pflichten **verbleibt.** Zu seinen speciellen Obliegenheiten gehört die oberste Leitung der für die Krone zu führenden Civil- und Verwaltungsprozesse, welche er unter die von ihm zu beauftragenden Kronanwälte **gleichmäßig** verteilt, und die Vertretung der Interessen der **Rechtsanwaltschaft beider Kategorieen** der Regierung, der **Staatsinteressen** der Rechtsanwaltschaft gegenüber. Im Strafprozesse ist die gleichmäßige Verteilung der auf die Verfolgung der Vergehen und Verbrechen bezüglichen Mandate, **mit Ausnahme der politischen**, durch den Oberstaatsanwalt unter die Kronanwälte ihres Bezirks zu bewirken. Beseitigung der **Lokalisierung, der Gebührentaxe, Ausschluß der Honorarklage, Beibehaltung der bisherigen Kammernverfassung** nebst ehrengerichtlichem Verfahren.

IX. Beibehaltung des Titel= und Ordenswesens für die **Prokuratur und das Notariat**. Besondere Organisation des letzteren nach Analogie der Anwaltskammern; Unterstellung unter die gemeine Beamtendisziplinargesetzgebung. **Lokalisierung und Gebührentaxe.**

X. Besetzung der **höhern Bureauposten** mit Personen, welche die Fähigkeit für die Prokuratur und das Notariat, sowie für die Bekleidung der untersten Richterämter besitzen (vgl. IV. A.). Gleichstellung derselben im Rang und Gehalt mit den Beamten der letzterwähnten Kategorie. **Reform des Subalterndienstes.** Einführung der Stenographie in den Vorbereitungsdienst des letztern als **obligatorischen** Gegenstandes.

XI. Wesentliche **Vereinfachung des gesamten Prozeßverfahrens** durch Einführung des Einzelrichteramtes in zahlreiche Gebiete der Rechtsprechung auch für die **höheren Instanzen,** des Kreuzverhörs der **Parteien als Zeugen** (cross-examination). Zuziehung des Laienelements (Schöffen) in der ersten und **Berufungsinstanz in Civil= und Strafsachen.** Sachgemäße Ausgestaltung des Schiedsrichteramtes. Zulässigkeit der Verweisung von Streitsachen — ohne Rücksicht auf die Höhe der Streitsumme — **in jedem Stadium** des Prozesses zum schiedsgerichtlichen Verfahren zur endgültigen Entscheidung. Individualisierung des Beweis=

verfahrens je nach der Natur des Einzelfalles. **Voll=
ständige Beseitigung des Anklagemonopols der Staats=
anwaltschaft.**

XXII.

Eine stattliche Reihe weitgehender, dem Fanatiker des Satzes
von der Vernünftigkeit alles Gewordenen höchst unsympathischer
Forderungen! Den einen wird die Ausländerei ein Greuel, den
anderen die finanziellen Bedenken ein unübersteigliches Hindernis
sein. Nur mit den letzteren ist ein Wort der Auseinandersetzung
am Platze. Sollte das Deutsche Reich, welches seiner Wehrkraft
bereits Milliarden geopfert hat und für absehbare Zeit zu opfern
gezwungen sein wird, nicht die verhältnismäßig geringen Mittel
aufbringen können, um sein „fundamentum" gegen alle Er=
schütterungen von Innen sicher und unangreifbar zu befestigen?
Das wird uns niemand glauben machen.

Unabweisbar tritt an die Gesetzgebung des Deutschen Reiches
jetzt, da der gesamte Bau unseres Rechtslebens in dem bürgerlichen
Gesetzbuch einen voraussichtlich auf lange Zeitdauer hin definitiven
Abschluß gefunden hat, die Forderung heran, die beiden Grund=
pfeiler, auf denen die Handhabung des Rechtes ruht: das Richter=
amt und die Advokatur auf ihre Tragfähigkeit hin eingehend zu
prüfen. Wird diese Prüfung zu einer unbedingten Bejahung
führen müssen? Wir möchten es bezweifeln. Das bürgerliche
Gesetzbuch ist das Ergebnis angestrengter Arbeit der gesamten
Nation während eines Vierteljahrhunderts, in dessen Verlauf kein
Problem des modernen Staats= und Gesellschaftslebens unangetastet
geblieben ist. Daß die unzähligen Rätselfragen, die das Leben
der Völker in täglicher Neugestaltung und Gruppierung, in immer
veränderter Färbung und Eigenart aufwirft, mit unfehlbarer Treff=
sicherheit für alle Zeiten beantwortet wären, wird niemand be=
haupten; daß die Anforderungen, welche an die Handhabung,

d. h. an die Auslegung des Gesetzes herantreten, trotz allen Strebens nach Klarheit, Schärfe und Präzision des Ausdruckes sehr große sind — niemand bezweifeln.

Die neuen Aufgaben erfordern neue Menschen. Nicht als ob mit dem Inkrafttreten des bürgerlichen Gesetzbuches der gesamte bisherige Justizverwaltungsapparat außer Thätigkeit gesetzt und durch einen ad hoc konstruierten ersetzt werden müßte. Nur ein Thor könnte dergleichen ernstlich verlangen. Eine große Anzahl der jetzigen Richter und Anwälte — glücklicherweise überwiegt unter den letzteren noch die lern- und bildungsfähige Jugend und das kräftige Mannesalter — wird im Wege der Selbsterziehung die Lücken des bisherigen juristischen Bildungswesens auszufüllen, den neuen Anforderungen gerecht zu werden, Altes und Überlebtes über Bord zu werfen redlich bemüht sein. Haben wir aber nicht gleich nach dem Inkrafttreten der C.P.O. von Freund und Feind die treffende Kritik vernehmen müssen, daß das neue Gesetz auf einen „idealen" Zustand berechnet sei, daß das vorhandene Richter- und Anwaltsmaterial diesem Zustande, auf welchen das neue Verfahren zugeschnitten wäre, in keiner Weise entspreche? Gewiß war dieser Vorwurf nicht unbegründet. **Was aber ist seither in Preußen und dem übrigen Deutschland geschehen, um jenem Mangel abzuhelfen?** Noch immer besteht die Mehrzahl der höheren Richter in Preußen aus Persönlichkeiten, die unter der Herrschaft der in ihrer Art gewiß vortrefflichen, aber trotzdem einer immer weiter hinter uns zurückbleibenden juristischen Bildungs- und Kulturepoche angehörenden Gesetze von 1833 und 1846 „zu ihren Jahren gekommen" sind. Diesen Männern einen Vorwurf daraus zu machen, daß sie nicht schleunigst „umgelernt" haben, wäre ebenso absurd als ungerecht. Bei allen war das Streben, sich dem Geiste des Gesetzes anzupassen, die liebgewordene Gewöhnung aufzugeben, es mit der ihnen vielfach sehr unbequemen Unmittelbarkeit und Mündlichkeit des Verfahrens sehr ernst zu nehmen unverkennbar vorhanden. Aber die Macht des Beharrungsvermögens war doch vielfach stärker als alles dies.

Ober ist etwa in den Ländern des altpreußischen Prozesses das „Referat" und das „Votum", um nur ein Beispiel statt vieler zu nennen, trotz aller dagegen im Stadium der Beratung der neuen Prozeßgesetze in Bewegung gesetzten Hebel, aus der Welt geschafft? Hat sich der vorbereitende Schriftsatz in den Ländern des früheren französischen Prozesses eingelebt? Vielfach ist es, wie die seiner Zeit (vor etwa 10 Jahren) von Bähr und Wach angestellten „Enqueten" ergeben haben, beim Alten geblieben. Nicht immer zum Nachteil der Rechtspflege, aber auch nicht immer zu ihrem Vorteil. Inzwischen ist das Pensum der Aufgaben, die dem Richter- und Anwaltsberufe gestellt sind, ganz ungeheuer gewachsen. Die neuen Aufgaben erfordern — wir wiederholen es — neue Menschen!

Nahezu ein Lustrum trennt uns von dem Zeitpunkte, da der neue Gesetzorganismus in lebendige Bewegung gesetzt werden soll. An die Landesjustizverwaltungen tritt deshalb die Aufgabe heran, die Heranziehung der „neuen" oder zu „erneuenden" Menschen für die neuen Aufgaben thunlichst zu fördern, die gebundenen Kräfte frei zu machen, der Rechtspflege das „Ansehen" zu geben, dessen sie um ihrer hohen Zwecke willen bedarf. Es genügt nicht, wie dies von altersher in deutschen Landen geschehen ist, Gesetze und Litteraturen anderer Völker fleißig zu studieren und mehr oder minder gelehrte Excerpte über die betreffenden Rechtszustände im Auslande in synoptischer Darstellung den Gesetzesmotiven vorauszuschicken; sondern es müssen „Recht" und „Gericht" durch geeignete Persönlichkeiten, gereifte Richter und Anwälte, an Ort und Stelle genau und eingehend studiert werden. Daß es an einem solchen Studium bisher bei uns gefehlt hat, kann nicht in Abrede gestellt werden. Namentlich ist der englische Prozeß in seiner freilich dem Auge des ungeschulten Ausländers nur allzuleicht entgehenden inneren und äußeren Ausgestaltung, trotz mancher trefflichen Vorarbeiten, in Deutschland ziemlich unbekannt. Wie wäre es sonst möglich, daß auf dem Juristentage in Bremen (1895) in den weitläufigen Diskussionen über die Frage der „Vereidigung der Parteien als Zeugen" auch nicht mit einem Worte der cross-examination gedacht ist, in welchem diese wichtige Reformfrage eine, wie wir meinen, geradezu vollendete Lösung gefunden hat? Nicht um die blinde Nachahmung — wir wiederholen es — ausländischer Einrichtungen, sondern um die Beantwortung der Frage handelt es sich, ob nicht hier das Ausland für ein von nationaler Eigenart gänzlich unabhängiges Kulturbedürfnis die richtige Art der Befriedigung gefunden hat! . . .

Die tiefere historische, wirtschaftliche, ethische, statistische und juristische Begründung einer großen Anzahl der in diesen Blättern aufgestellten Forderungen muß einer Reihe weiterer Schriften vorbehalten bleiben. Denn es ist klar, daß die uns hier in erster Reihe beschäftigende Frage nach der Hebung des Ansehens unserer Richterbank und unserer Advokatur nicht endgültig zu beantworten ist ohne fundamentale Änderungen unseres Civil- und Strafprozesses, unserer Gerichtsverfassung, ja unserer Ämterorganisation überhaupt. Dazu kommen die gewiß nicht zu unterschätzenden, damit im Zusammenhange stehenden Budgetfragen! Aber alle diese Schwierigkeiten sind nicht unübersteiglich, wofern nunmehr der letzte und wichtigste Teil der deutschen Gesetzesreform mit Ernst und Eifer in Angriff genommen wird: die Herstellung der unerläßlichen Garantieen für die Bethätigung des modernen Geistes unserer Gesetzgebung durch die hierfür berufenen Organe, einen das höchste Ansehen in der Nation genießenden Richterstand und eine ihm entsprechende Advokatur!

Printed by Libri Plureos GmbH
in Hamburg, Germany